ORDONNANCE

FAITE

En consequence de l'Assemblée des trois Estats
du Royaume de France, de la Languedoil,
contenant plusieurs Reglements sur
differentes matieres

A PARIS, AU MOIS DE MARS 1356

(Réimprimée d'après le Recueil des *Ordonnances des rois de
France de la troisième race*, III, 121-146)

A L'USAGE DES CANDIDATS

A L'AGRÉGATION D'HISTOIRE

(Programme officiel de 1886-1887).

———

PARIS

ALPHONSE PICARD, ÉDITEUR

Libraire des Archives nationales et de la Société de l'Ecole des Chartes

RUE BONAPARTE, 82

1886

ORDONNANCE

FAITE

En consequence de l'Assemblée des trois Estats du Royaume de France, de la Languedoil, contenant plusieurs Reglements sur differentes matieres

A PARIS, AU MOIS DE MARS 1356

(Réimprimée d'après le Recueil des *Ordonnances des rois de France de la troisième race*, III, 121-146)

A L'USAGE DES CANDIDATS

A L'AGRÉGATION D'HISTOIRE

(Programme officiel de 1886-1887).

PARIS

ALPHONSE PICARD, ÉDITEUR

Libraire des Archives nationales et de la Société de l'Ecole des Chartes

RUE BONAPARTE, 82

1886

MACON, TYP. ET LITH. PROTAT FRÈRES

^(a) ORDONNANCE

Faite en consequence de l'Assemblée des trois Estats du Royaume de France, de la Languedoil, contenant plusieurs Reglements sur differentes matieres.

CHARLES, FILS AISNÉ, et Lieutenant du Roy Jean Ier, et selon d'autres, Jean II, à Paris, au mois de mars 1356.

l'on ne pourra plus contraindre personne de prester de l'Argent au Roy.

(5) Les trois Estats se rassemble-ront à Paris le lendemain de la Quasimodo prochaine, pour déli-berer sur le fait de la Guerre. Ceux qui ne sont point venus à cette Assemblée-cy, seront requis de se trouver à celle-là, avec intimation que quoyqu'ils n'y viennent point ils ne laisseront pas d'estre tenus à tout ce qui aura esté decidé dans ces deux Assemblées. Dans la pre-mière qui se tiendra, les Estats pourront changer ce qu'ils ont reglé dans celle-cy sur le fait de l'Ayde, pourvû que les trois Estats soient d'un même sentiment, et sans que l'avis de deux d'entr'eux, puisse lier le troisième qui ne vou-droit pas s'y conformer.

L'Ayde accordée par les Estats ne subsistera qu'un An. Les Estats pourront sans être convoquez par le Roy, se rassembler à Paris ou ailleurs, s'ils le jugent à propos, deux fois, ou même plus s'il est nécessaire, depuis le lendemain de la Quasimodo prochaine, jusqu'au premier de Mars 1357, pour deli-berer sur le fait de la Guerre, sur l'Ayde, et sur le gouvernement du Royaume.

(6) On n'accordera plus de par-dons ni de remissions à ceux qui auront commis des meurtres de guet-à-pens, à ceux qui auront enlevé ou violé des filles ou des femmes, aux incendiaires, à ceux qui n'auront pas observé les treves ou paix [faites dans le cas des Guerres privées,] aux infracteurs des Sauvesgardes.

(7) Tous les Juges rendront bonne et brieve Justice. Comme il y a devant les Gens du Parlement, plusieurs procès en estat d'estre jugez, et dont le jugement a esté retardé par la faute des Presidents, les Gens du Parlement, et ceux de la Chambre des Enquestes s'assem-bleront tous les jours dans cette Chambre à l'heure du Soleil levant, pour travailler à ces procès, jus-qu'à ce qu'ils soient tous jugez. Ils se partageront en deux Chambres, dont l'une jugera les procès de rapport, et l'autre ceux qui seront portez à l'Audience.

(8) Les Offices de Justice ne seront plus dans la suite vendus ni affermez, mais ils seront donnez en garde : et nul ne pourra estre Juge dans le païs dans lequel il est né, ou dans celuy dans lequel il demeure.

(9) On ne pourra faire de com-positions, [accommodements] sur les crimes.

(10) Les procès seront jugez, sui-vant le rolle des Presentations.

(11) Plusieurs Officiers qui sont nommez dans l'Article, sont privez de leurs Offices.

(12) Les Enquestes qui seront à faire par rapport aux Procès pen-dans au Parlement, se feront, si les Parties le requierent, par des personnes de leur païs. Si une par-tie veut avoir un Commissaire de son païs, et l'autre Partie un Com-missaire du Parlement, on joindra au Commissaire du Parlement, une personne du païs de la Par-tie, qui a demandé qu'on luy donnast un Commissaire de son païs.

Les Commissaires du Parlement ne pourront prendre que quarante sols par jour poux eux, et pour leurs Clercs.

Cette Ordonnance sera publiée et enregistrée au Parlement.

(13) Les Gens de la Chambre des Comptes y viendront à l'heure de

Soleil levant, et y expedieront promptement les affaires, sans s'entremettre de cognoissance de Cause aucune.

(14) Il sera fait une Ordonnance qui reglera le nombre des Officiers du Parlement, et des autres Officiers.

(15) Il sera fait une nouvelle Monnoye d'Or et d'Argent, suivant les Patrons qui en ont esté remis au Prevost des Marchands. Le pied de ces Monnoyes ne sera point changé sans le conseil et le consentement des trois Estats. Il sera establi sur le fait des Monnoyes, des Commissaires qui presteront serment entre les mains du Dauphin, en presence des Deputez generaux des Estats à Paris. Les Princes, ceux qui composent le grand Conseil du Roy, et les autres Officiers jureront de ne point conseiller de faire de changement dans les Monnoyes, avant le premier de Mars 1357.

Il est deffendu de porter aucun Billon hors du Royaume.

Cette ordonnance sera publiée à Paris, et dans les autres bonnes Villes du Royaume.

(16) Il est deffendu de faire dans la suite des prises de Vivres, etc. pour quelque personne que ce soit.

(17) Chascun pourra resister à ceux qui voudront faire des Prises, et reprendre sans crainte de peine et d'amende, tout ce qui luy aura esté ainsi enlevé; et si ceux contre qui ces violences seroient exercées, n'estoient pas assez forts pour y resister, ils pourront appeller à leur secours leurs voisins qui pourront s'assembler par cri public; et ils ne pourront estre assignez sur tout ce qui aura rapport à ces Prises, que pardevant les Juges ordinaires.

(18) Le Prevost de Paris privativement à tout autre Juge, connoistra de l'execution des Actes scellez du Scel du Chastelet, si le creancier le veut.

Le Parlement ne pourra attirer par devers luy les affaires ordinaires qui sont de la competence du Prevost de Paris.

(19) Les Seneschaux, Baillis et Vicomtes n'attireront point à eux les affaires qui sont de la competence des Prevosts. Ils ne prendront que douze deniers pour le Sceau et l'écriture de chaque Acte de procédure, à moins qu'il ne soit très long. Ils taxeront les amendes selon l'ancienne Coustume des païs où ils seront.

(20) Les Eslus envoyez par les trois Estats dans les Dioceses sur le fait de l'Ayde, recevront les Comptes de ceux qui ont imposé et levé les subsides l'année derniere, et ils s'informeront dans les Dioceses dans lesquels ils seront départis, du nom de ceux qui ont levé ces impositions, des sommes qu'ils ont receües, et dans quelles Monnoyes elles ont esté payées, pour en rendre compte au Dauphin, et aux trois Estats le lendemain de la Quasimodo.

(21) Par rapport aux sommes deües, dont les termes des payements sont échus depuis que les Deniers blancs ont eü cours pour douze Deniers, si ces sommes ont esté payées sans protestation et sans condition, ce payement aura son effet, et sera regardé comme une affaire consommée, à laquelle on ne pourra plus revenir : si ces sommes n'ont pas esté payées, on pourra les payer avec des Deniers blancs qui seront pris pour huit Deniers : si le debiteur a payé, mais comme contraint et sous con-

dition, les *Deniers blancs* qu'il a donnez pour douze deniers, ne seront plus comptez que pour huit deniers.

(22) *Nul ne pourra faire transport ou cession de dette à des personnes qui auront plus de credit que luy, ni à des Officiers du Roy, ni à des personnes privilegiées, et tels transports sont declarez nuls : ceux qui les auront faits perdront leur action, et seront condamnez à l'amende.*

(23) *Toutes Jurisdictions seront laissées aux Juges ordinaires : les Maistres des Requestes auront seulement la connoissance des Offices et des Officiers de l'Hostel en action personnelle en deffendant : le Connestable aura la connoissance des Sergens d'armes en deffendant seulement. et en actions personnelles : Et le Connestable et les Mareschaux connoistront en deffendant, des actions personnelles entre ceux qui seront presentement à la Guerre : Les Maitres des Eaux et Forests connoistront de ce qui regarde cette matiere.*

(24) *Les Maitres des Eaux et Forests ne pourront s'attribuer la connoissance des Eaux et des Forests, dans les terres des Barons, Prelats et autres Justiciers. Ils suivront les anciennes coustumes, par rapport aux amendes ausquelles ils condamneront.*

(25) *Toutes les Garennes faites depuis quarante ans, seront supprimées.*

(26) *Nul ne pourra posseder deux Offices en même temps. Les Seneschaux, Baillifs et les autres Officiers ne pourront prendre des advocats et des Procureurs pour leurs Lieutenans.*

(27) *Les Commissions ne seront plus données qu'à des personnes de la Cour du Roy.*

(28) *Les Commissaires et Sergens ne pourront prendre par jour que le salaire d'une journée, quoyque dans ce jour ils fassent plusieurs executions, et pour plusieurs personnes.*

(29) *Tous Officiers et Sergens, à l'exception de ceux qui ont des Sergenteries fieffées et à héritage, exerceront leurs Offices en propre personne, sans les pouvoir faire desservir par d'autres, et specialement les Chastelains des Chasteaux, etc.*

(30) *Les Huissiers au Parlement, les Sergents à cheval et les autres ne prendront que huict sols par jour pour leur salaire.*

Les Baillifs et les Prevosts feront donner caution aux Sergents et Officiers, afin que les Parties que ceux-cy auront vexées, puissent recouvrer les pertes qu'elles auront souffertes. Si les Baillifs et les Prevosts ne font point donner de caution aux Sergents, et que ceux-ci n'ayent pas assez de biens pour reparer les dommages qu'ils ont faits aux Parties, les Baillifs, et les Prevosts en seront tenus à leur place.

Les Receveurs, les Gruyers et les Vicomtes ne pourront pas establir de Sergents ni de Commissaires; et ils se serviront pour leurs executions des Sergents des Baillages et de ceux des Prevostez.

(31) *Nul des Officiers du Roy ne pourra faire aucun commerce de Marchandise ou de Change, ni par luy ni par des personnes interposées.*

(32) *Le Roy pardonne à ceux qui n'ont pas esté aux Arriere-bans. Doresnavant le Roy et le Dauphin pourront convoquer l'Arriere-ban,*

et ils ne le pourront faire qu'après une bataille, dans le cas d'une évidente nécessité, et par le conseil des Esluz des trois Estats.

(33) Tant que cette Guerre durera, les Nobles et les autres gens d'armes ne pourront sortir du Royaume sans le congé du Roy. s'ils n'en sont bannis.

(34) Durant le cours de cette Guerre, les Nobles et les non-Nobles ne pourront se faire la Guerre, et les Juges des lieux les contraindront à faire la paix entre eux.

(35) Chacun des subjets du Roy pourra piller sur les ennemis du Royaume, sans que les Officiers generaux puissent demander aucun droit, part, ou portion sur le butin qui aura esté fait, à moins qu'eux et leurs gens n'ayent eu part à l'action; dans lequel cas, ils partageront avec les autres au sol et à la livre, sauf le droit de l'Admiral sur ce qui regarde la Mer.

(36) Les Thresoriers des Guerres ne prendront que douze deniers pour les quittances ou cedules, le Sceau, et les écritures.

(37) Les soudoyers, soit François, soit estrangers, ne pilleront point dans le Royaume, sous peine d'être pendus; et il sera permis de leur resister par voye de fait.

(38) Les soudoyers ou Gens d'Armes ne pourront demeurer qu'un jour dans les Hostelleries, après qu'ils auront estés reçus en cette qualité; et s'ils vouloient y rester davantage, ils seroient mis dehors, et contraints d'aller à la guerre.

(39) On ne fera de Treve avec les Ennemis que par le conseil des Gens des trois Estats.

(40) Toutes personnes seront armées selon leur estat; et ceux qui ne le seront pas, y seront con-

traints; les Laïques par les hauts Justiciers, et les Majeurs des Villes, dans leurs Juridictions, et le Clergé par les Juges ordinaires de l'Eglise.

(41) Toutes les choses domaniales qui ont estées alienées ou échangées depuis le temps de Philippe le Bel, seront réunies au Domaine; excepté ce qui a esté donné aux Princes du sang en partage, ou par forme de Don, ou pour cause de Doüaire, ou de recompense d'autres heritages; excepté aussi ce qui a esté donné à d'autres personnes pour récompense des services qu'ils ont rendus à l'Estat.

(42) Ceux qui composent le grand Conseil, s'assembleront au Soleil levant pour travailler aux affaires du Gouvernement : ils commenceront par les plus grosses; et jusqu'à ce qu'elles soient achevées, ils ne les quitteront point pour en commencer de nouvelles, à moins qu'il n'y ait une necessité evidente.

(43) Les Gens du grand Conseil auront des gages suffisans pour soütenir cette Charge. Ceux qui ne viendront pas au Conseil à l'heure marquée, perdront les gages de la Journée; et s'ils y manquent souvent, ils seront exclus du Conseil, à moins qu'ils n'ayent une excuse légitime.

(44) Le Chancelier de France ne se meslera que du fait de la Chancelerie; c'est-à-dire de voir, de corriger, d'examiner, de passer et de sceller les Lettres qui seront presentées au Sceau. Il se meslera aussi de ce qui regarde le fait de la Justice : il donnera les Offices en tant comme à luy peut appartenir en qualité de Chancelier, et il donnera les ordres necessaires sur ce qui regardera ces Offices.

(45) Le Chancelier nonobstant

*tous les ordres qu'il pourrait rece-
voir, ne scellera aucune Lettres
portant alienation du domaine du
Roy, ou Don de grandes forfaitures
ou confiscations, etc. qu'il n'ait
declaré au Conseil ce que la chose
donnée peut valoir de rente par
an; et tout ce qui sera fait contre
la disposition de cet Article, est
dès maintenant declaré nul.*

*(46) Il n'y aura plus que six
Maîtres des Requestes de l'Hostel,
quatre Clercs, et deux Lais, qui
auront les mesmes fonctions que
les Maîtres des Requestres avoient
sous le regne de Philippe le Bel.*

*(47) Le Chancelier, et les autres
Officiers jureront qu'ils ne demanderont ni pour eux ni pour leurs
amis, aucuns Dons en argent tiré
des coffres du Roy, et qu'ils demanderont en plein Conseil, les graces
qu'ils voudront obtenir. Ils jureront aussi qu'ils ne proposeront
point en particulier au Roy ni au
Dauphin, des sujets pour remplir
les Offices qui seront vacans, mais
qu'ils leur feront sçavoir le nom
des personnes ausquelles ils s'in-
teressent, afin que l'on puisse
s'informer de leur merite.*

*(48) Le Chancelier et les autres
Conseillers et Officiers du Roy
jureront qu'ils ne feront ensemble
ni confédération, ni conspirations,
ni alliances.*

*(49) Les depenses des maisons
du Dauphin, de la Dauphine, et
de celles des autres Princes du
Sang, seront modérées, et leurs
Maîtres d'Hostel payeront exacte-
ment ce qu'ils acheteront.*

*(50) La poursuite des detes des
Lombards est suspendüe jusqu'au
lendemain de la Quasimodo prochaine.*

*(51) L'Aide qui sera accordée par
les trois Estats, ne portera aucun
prejudice aux Franchises, Privileges et Chartes accordées par les
Roys, entant qu'elles sont con-
formes aux Lettres données pour
la reformation du Royaume; par
les Roys Philippe le Bel et Jean,
lesquelles sont confirmées, specialement pour ce qui regarde la
Regale.*

*(52) Les Deputez qui viendront
à l'assemblée des Estats, sont mis
sous la sauve-garde du Roy et du
Dauphin; et afin qu'ils soient en
estat de resister aux violences
qu'ils ont à craindre de quelques-
uns des anciens Officiers du Roy et
du Dauphin, il leur est permis
d'aller par tout le Royaume, ac-
compagnez de six hommes armez.*

*(53) Lorsqu'une sentence rendüe
par des hommes Jugeans aura
estée cassée, ils payeront tous ensemble une amende de soixante
livres; à moins qu'ils ne soient
convaincus de corruption, car alors
ils seront punis suivant l'exigence
du cas.*

*Les hommes Jugeans seront te-
nus sous peine de prison, de juger
les Parties tout au plus tard le
troisieme jour destiné aux Juge-
ments, après qu'elles auront produit leurs moyens.*

*(54) Les excuses proposées pour
faire remettre ou differer une assignation, ne seront point reçües,
que ceux qui les proposent n'ayent
juré qu'elles sont veritables.*

*(55) Les Juges ne poursuivront
point en Jugement les amis de
ceux qui sont en guerre, quand ils
n'y prennent point de part; mais
ils feront le procès à ceux qui attaqueront les amis de leurs ennemis,
sans en avoir reçû d'injures.*

*(56) Les graces et les Chartres
qui se feront dans la suite en cire
verte et en las de soye, et celles de*

cette nature qui ont esté faites depuis le 5. de Fevrier dernier, ne seront point portées à la Chambre des Comptes, et seront rendues sans finance, en payant le Droit de Scel ordinaire, et en donnant un salaire raisonnable aux Notaires.

(57) Les Officiers du Roy et le Peuple même s'opposeront à ceux qui voudront faire des actes d'hostilitez contre leurs ennemis, dans les bonnes Villes du Royaume.

(58) Les Capitaines des lieux où il y aura des Châteaux champestres, pourvoiront à leur garde.

(59) Si une Partie a interjetté appel de la Sentence d'un Juge subalterne, au lieu de le porter devant celuy qui en doit connoistre immediatement, le porte devant ceux qui en doivent connoistre en dernier ressort, ceux-cy, s'ils en sont requis par une des Parties, doivent le renvoyer devant le Juge immediat, et ils ne peuvent en connoistre sans le consentement exprès des Parties. Le Parlement pourra cependant retenir pardevers luy ces appels, s'il juge que la nature de l'affaire le demande.

(60) On ne pourra se servir de Lettres d'Estat contre ceux qui auront contribué à l'Ayde qui a esté accordée, et on n'aura aucun égard à celles qui ont esté ou qui seront données, si ceux qui les ont obtenuës y ont renoncé expressement.

(61) Cette Ordonnance sera observée, nonobstant quelconques Ordonnances, Statuts, Usages et Coustumes au contraire.

CHARLES ainsné Fils du Roy de France et son Lieutenant, Duc de Normandie et Dalphin de Vienne : Savoir faisons à tous presens et advenir, que comme par nostre Mandement aient esté appellez et assemblez à Paris par plusieurs fois, et dernierement au cinquieme jour de Fevrier dernierement passé et aus jours ensuivans, les troiz Estas du Royaume de France de la Langue d'Oyl; c'est assavoir, Arcevesques, Evesques, Abbes, Chappitres, Nobles de nostre Sanc, Ducs, Comtes, Barons, Chevaliers et autres, et les Bourgoiz et habitans des Cités, Chasteaulz et autres bonnes Villes, pour Nous donner

Notes.

(a) Registre rouge vieil du Chastelet, fol. 5. *verso.* C'est sur ce Registre qu'a esté faite la Copie sur laquelle cette Ordonnance a esté imprimée. Il y a quelques fautes dans ce Registre, qui ont esté corrigées sur le Memorial C. de la Chambre des Comptes de Paris, où se trouve cette Ordonnance, fol. 249. *verso.* Elle y est intitulé *Subsidium Lingue Galli-* cane, mais il y a quelques feüillets au haut desquels il y a en titre, *Lingua Francica.* A la marge du commencement de cette Ordonnance dans le Memorial, il y a, *Ordinationes trium Statuum Lingue Gallicane.*

Joly a donné cette Ordonnance dans son 1.er Tome des Offices de France, additions au Livre 2. p. ccxcv.

En plaçant cette Ordonnance à la teste de celles qui ont esté

conseil, et faire Aide sur la délivrance de nostre très chier Seigneur et Pere, que Nous desirons sur toutes les choses qui sont ou monde. Et aussi pour Nous donner bon Conseil et advis sur la garde, bon Gouvernement, tuicion et deffense dudit Royaume; et afin que par leur bonne deliberation et Aide, Nous puissions à l'aide de Dieu, contrester et resister à la mauvaise emprinze des ennemis, et yceulz mettre et bouter hors dudit Royaume, parquoy les Subgez dicellui puissent vivre en bonne [a] pays dores-en-avant, et en bonne surté demourer; liquelz du temps passé par le fait desdiz ennemis et du petit gouvernement et mauvaiz qui a esté oudit Royaume par la faulte d'aucuns des Officiers et Conseilliers, ont esté et encores sont [b] forment grevez et bleciez, dont il Nous [c] poise moult; et à nos Requestes se soient humblement descendus [d] ores et autresfoiz, et enclinés comme bons, vrais et loyaulz Subgez pevent et doivent faire envers leur bon Seigneur; Et pour ycelles Requestes mieulz adviser, [e] enteriner et accomplir du tout, se soient [f] trait à part, et eu sur ycelles très grant avis et déliberation, en considérant [g] premier bien et justement les causes et occasions par lesquelles ledit Royaume peut avoir esté et ainsi est empirez, et les Subgiez grevez et dommagiez, et que tout estoit venu parce que Dieu et Saincte Eglise ou temps passé, avoient esté petitement (b) creims, servis et honorés, Justice feblement soustenuë, faite et gardée, et lidiz Royaume gouverniez par aucunes Gens avaricieux, convoiteux ou negligens, et que pou ou neant [h] chaloit comment les choses alassent ne fussent gouvernées, et ne pensoient point de la chose publique, maiz [i] entendoient et ont entendu principalement à leur prouffit singulier et de eulz et leurs amis, faiteurs et creatures enrichir, [k] essaucier et eslever : Et ont lesdiz troiz Estas bien advisés que si grant plaies dont lidiz Royaume est plaiez [l] et

a *paix.*

b *fortement.*

c *peze, fasche.*

d *presentement.*

e *perfectionner.*

f *retirez.*

g *premièrement.*

h *qui s'embarassoient peu ou point.*

i *songeoint.*

k *exaucer.*

l *blessé.*

---

données dans le mois de Mars 1356. on s'est éloigné de l'ordre que l'on s'est prescrit, qui est de placer les Ordonnances qui n'ont que la date du mois sans la date du jour, après celles qui ont l'une et l'autre date. La raison qu'on a eüe d'en user ainsi, est qu'il est certain que cette Ordonnance a esté donnée au commencement du mois de Mars, puisqu'elle a esté lüe et publiée au Parlement le 3. de Mars, et il estoit necessaire qu'elle fût placée avant l'Ordonnance du 12. de Mars 1356. qui a esté faite en execution de l'Article 15. de celle-cy.

(b) *Creims*] C'est-à-dire *craints.* Dans le Mem. de la Ch. des C. il y a *cremeez* ou *crenieez.*

navrez, ne pevent estre à plain [a] gariez ne sanées, se ce n'est premier par l'aide de Dieu, et que ceulx qui ont ainsi mauvaisement gouverné, feussent et soient dudit gouvernement du tout privez, deboutez et arriere mis, et en lieu d'eulz bons preudommes sages, veritables, diligens et loyaulz, sur ledit gouvernement par Nous establiz et [b] ordennez, et que par Nous, les autres Justiciers et Officiers dudit Royaume, bonne et vraye Justice dores-en-avant soit faicte, tenüe et gardée, et toutes [c] oppressions, extorcions et indeües exactions dont l'en a usé ou temps passé sur le Peuple par moult de diverses voies et manieres, tant par empruns, Prises, Gabelles et Imposicions, comme par le fait de la mutacion des Monnoyes et autrement, cessassent desoremaiz du tout : Et oultre ont advisé lesdiz troiz Estas que ces mauvaises choses ostées du tout, et en lieu d'icelles autres remises qui soient saintes, justes et raisonnables, de faire moult grant Aide [d] à la bonne et brief délivrance de nostre très chier Seigneur et Pere, et pour soustenir et porter le fait de la Guerre, et resister à la mauvaise volunté des ennemis, [e] par quatre certaines modiffications et traittiez, lesquels Nous à leurs supplications, leur avons octroié et accordé, et encore octroyons et accordons, eù sur ce bon advis et deliberacion, en la maniere qui s'ensuit.

Premierement. Nous voulons irrevocablement que ce que li Deputez par Nous par le Conseil desdiz troiz Estas, sur le fait de l'Aide, sur le fait de la reformation, sur le fait de la Monnoye, feront, et les choses contenües ès Instructions sur ce faictes, et aussi la privation des Officiers et Conseilliers cy-après nommez, par Nous privez, et (c) devant Nous denommés, tiengnent entierement et perpetuelment, senz estre [f] muez en quelque maniere ne [g] rappellez.

(2) *Item.* Et pour ce que les Aides, subsides, Gabelles ont pou prouffité ou fait des Guerres [h] où elles estoient ordonnées, par ce que aucuns se sont efforciez par mauvaiz conseil, de les distribuer et convertir en d'autres usages, dont tout li Royaumes est grandement grevés, Nous avons ordonné et ordonnons par le conseil desdiz troiz Estas, et ainsi le promettons Nous en bonne foy à tenir et faire tenir et garder de nostre povoir, que tout l'Argent qui [i] ystra de l'Aide que lidiz

a guéries.

b gouvernez.
R. C.

c Impositions.
R. C.

d pour.

e moyennant.

f changez.

g revoquez.

h pour lesquelles.

i previendra, sortira.

Qui Nous ont esté nommez. Voy. cy-dessous Art. 11.

(c) *Devant Nous denommez.*]

trois Estats ont advisé et proumis à bailler pour le fait de la
Guerre, soit tourné du tout et convertis entierement ou fait
de ladite Guerre, avecques tous les prouffis, émolumens et
amendes qui en ystront et pourront ystre par quelque maniere
que ce soit, senz ce que nostre très chier Seigneur et Pere,
nostre très chiere Dame la Royne, Nous, nostre très chiere et
amée Compaigne la Duchesse de Normendie, nos Freres,
autres de nostre Sanc et lignage, ou aucuns de nos Officiers,
Lieuxtenans, Connestables, Mareschaux, Admiraulx, Maistres
des Arbalestiers, Tresoriers, ou autres Officiers quelconques,
en puissions prendre, lever, exiger ou demander aucune chose,
par quelque maniere que ce soit, (*d*) [ne faire tourner autre
part, ne d'autre chose ou usage,] que ou faict de ladite Guerre;
et oultre voulons, ordonnons et accordons que lesdiz Argens,
prouffis et emolumens et amendes ne soient levez, exigiez,
prins ne distribuez par les diz Gens de nostre dit Seigneur,
par les nostres, Tresoriers, ou par autres Officiers quelconques,
maiz par bonnes gens sages, loiaulz et ^a^ solables ad ce ordonnez,
esleuz et establiz par les Gens des diz trois Estas, tant ès
Frontieres comme ailleurs où il les convenra distribuer; auxquels Commis et Deputés, de ce faire Nous donnons par ces
presentes plain pouvoir et autorité : lesquelz Commis et Deputés generaulz jureront à Nous, ou à ceulz que Nous y commet-
trons, et aus Genz des diz trois Estas ou au Deputez par eulz
sur ce; Et lidiz particuliers Deputez par semblable maniere
jureront pardevant les Juges Royaulz des lieux, appellés à ce
une personne ou deux de chacun des diz trois Estas, aus
Saintes Evangilles de Dieu, que pour quelconque necessité qui
adviengne, il ne bailleront ne distribueront ledit Argent à
nostre dit Seigneur, à Nous ne à autres, pour quelconques
Mandemens qui leur soit fait sur ce; fors seulement aus Gens
d'armes, ou à ceulz qui seront ordennez pour (*e*) faire et recevoir lesdictes Gens d'armes, pour convertir ou fait de la
Guerre : et ad ce que ce soit plus ferme chose et estable, et
que aucuns ne viengnent au contraire, Nous promettons en

a solvables.

Notes.

(*d*) *Ne faire, etc.*] Au lieu de
ces mots enfermez entre deux
crochets, il y a dans le Reg. du
Ch. *Senz ce que nostre tres cher
Seigneur et Pere.* Cette faute de
Copiste vient de ce que ces mots,
par quelque maniere que ce soit,
sont un peu plus haut, où ils sont
suivis de ceux-cy, *senz ce que
nostre tres cher Seigneur et Pere.*

(*e*) *Faire et recevoir lesdictes
Gens d'armes*] Les enroler, et les
retenir au service du Roy, en qualité de Gens d'armes.

bonne foy, et le ferons promettre à nostre très chiere et amée Compaigne la Duchesse, et aussi le fera nostre très chiere Dame la Royne, et ce jureront aus Saintes Evangilles de Dieu, nos Freres, nostre très chier et amé Oncle (*f*) le Duc d'Orleans, (*g*) le Duc de Bourbon, le Duc de Bretaigne, nos chiers et amez Cousins le Conte d'Alançon, Pierre son Frere, (*h*) le Conte d'Estampes, tous les autres de nostre lignage et leurs Officiers et Serviteurs, que il ne [a] penront ou recevront aucuns des deniers dudit subside, demanderont ou feront demander par empruns ou autrement : Et se par importunité ou autrement, aucuns impetroient Lettres ou Mandemens de Nous ou d'autre au contraire, Nous voulons et ordonnons que les diz Deputez generaulz et particuliers, Receveurs ou autres à qui lesdites Lettres ou Mandemens s'addresseroient, ne soient tenus de obéïr ausdites Lettres ne Mandemens ; ainçoiz expressement leur deffendons sur quant qu'il se pevent meffaire envers nostre dit Seigneur et Nous, que auxdittes Lettres ou Mandemens il ne obéïssent en aucune maniere : et voulons que il jurent aux Sains Evangilles de Dieu, que ainsi le feront-il : Et se il advenoit que il fassent ou feissent le contraire, Nous les privons (*i*) des maintenant [1] pour lors perpetuelment et senz rappel, de tous Offices et services Royaulz, et si les ferons mettre en prison fermée ; et donnons povoir aux Gens des diz troiz Estas que il les puissent prendre ou faire prendre en quelque lieu que il les pourront trouver, hors lieu Saint, et les bailler à la premiere Justice Royal que il trouveront, et les faire mettre en prison, de laquelle Nous voulons que il ne soient delivrés, recreus ne eslargis par cession de biens ne autrement, jusques à tant qu'il aront entierement paié et rendu tout ce que il aroient baillé ou distribué dudit Argent, ou de prouffis, emolumens ou amendes qui en ystront : Et se par aventure aucuns des Officiers de nostredit Seigneur, des nostres ou autres, sur umbre de Mandemens ou impetracions aucunes,

a *prendront.*

Notes.

(*f*) *Le Duc d'Orleans... le Comte d'Alençon, Pierre son Frere.*] Voy. la Note (*xx*) sur l'Ordonn. du mois de Febvrier precedent, p. 109.

(*g*) *Le Duc de Bourbon.*] Il se nommoit Loüis II. Voy. l'Ilist. Genealog. de la Maison de France,

par les PP. Ange et Simplicien, to. 1. p. 299. et 301.

(*h*) *Le Conte d'Estampes.*] Il se nommoit Loüis d'Evreux Comte d'Estampes. Voy. *Ibid.* [Note precedente.] p. 281.

(*i*) *Dès maintenant pour lors.*] *Nous les privons dès aujourd'huy de leurs Offices, si dans la suite ils manquent à leur devoir.*

1. [Les mots « dès maintenant » manquent dans le Registre du Châtelet.]

vouloient ou se efforçoient de les prendre, Nous voulons et ordonnons que lesdiz Deputés ou Receveurs leur puissent et soient tenuz de resister de fait ; et se il ne sont assés fors et puissans de ce faire, Nous leur donnons povoir et auctorité de assembler et requerir leurs voisins des bonnes Villes et autres selon ce que bon leur semblera, pour resister et faire que la force soit ᵃ leur, comme dit est.

a qu'ils soient les plus forts.

(3) *Item*. Avons accordé et ordonné, accordons et ordonnons de la volunté et consentement desdiz troiz Estas, que les diz Generaulz deputés sur le subside ou fait de leur administration, ne puissent rienz faire, se il ne sont d'accort tout ensemble, ou au moinz les six, d'un chacun Estat deux.

(4) *Item*. Nous promettons en bonne foy ᵇ par-mi l'Aide que li diz troiz Estas Nous font, que Nous, nostre très chiere et amée Compaigne la Duchesse, nos diz Freres, par Nous, par les Tresoriers, Maistres des Comptes ou autres Officiers quelconques de nostre dit Seigneur et de Nous, ne ferons requerir ne contraindre directement ne indirectement, par paroles ne autrement, aucuns des Gens des diz troiz Estas quels qu'il soient, Prelas, ᶜ Clers, Nobles ou Bourgoiz, Marchans ou autres, à Nous prester ou faire prester deniers ou autres choses ᵈ en lieu, pour quelque besoing ou necessité qui aviengne : mais voulons et ordonnons que tous telz empruns cessent des maintenant, ᵉ et à tous ᶠ Disiesmes, Subsides, Gabelles, Tailles, Impositions et à toutes autres exactions quelconques : Et promettons en bonne foy que se il advenoit que aucuns des Officiers de nostre dit Seigneur, de Nous ou de l'un de Nous feissent le contraire, Nous voulons que obey n'y soit ; et ᵍ les rappelons et mettons du tout au neant, et y renonçons du tout et à tous Disiesmes octroyez et à octroyer durant le temps de ladite Ayde, posé que de propre mouvement nostre très Saint Pere les donnast ou eust donné à nostre très chier Seigneur et Pere et à Nous ou l'un de Nous.

b moyennant.

c Ecclesiasti-ques.

d à la place.

e Il semble qu'il manque-là, et y renonçons.

f Decimes.

g Nous abolis-sons toutes impo-sitions.

(5) *Item*. Affin que plus parfaittement soit pourveu et advisé sur le fait de ladicte Guerre, et que il n'y ait ne puist avoir aucun deffault, Nous avons ordonné du consentement des diz troiz Estas se rassembleront en la Ville de Paris par culz ou par Procureurs souffisaument fondez, au lundi après *Quasimodo* prouchain venant : Et requerrons par nos Lettres ou Mandemens ce pendent à nos amez et feaulz Cousins (*k*) le Duc de

NOTES.

(*k*) *Le Duc de Bourgogne.*] Il se nommoit Philippe I. dit *de Rouvre*, et il fut le dernier Duc de Bourgogne de sa race. Voy.

Bourgoingne, (*l*) le Comte de Flandre et à leurs Pays, à nos amées et chieres Cousines les Comtesses de Flandre et (*m*) d'Alançon, et aux Gens de leurs Pays, et à pluseurs autres Nobles et Gens de bonnes Villes qui à ceste presente Assemblée ne sont point comparus, que à ladite journée de lundi après *Quasimodo*, il viengnent ou envoient Procureurs souffisamment fondez pour consentir et ratiffier en tant comme il leur[1] peut toucher, au fait et à la charge de ladite Aide, avecques intimacion que que se il ne viennent ou envoient par la manière dessus dicte, il seront tenus de tout ce que cilz qui y ont esté ont ordonné, et ceulz qui lors seront presens ordonneront selon raison : et oultre à ladite journée, les diz troiz Estas pourront croistre, [a] admenuisier, [b] declairier ou interpreter le fait de ladicte Aide selon ce que bon leur semblera, et sera par eulz ordenné d'un accort et consentement, senz ce que les deux Estas, posé qu'il feussent d'un accort, peussent lier le tiers : Et oultre, pour ce que ladite Ayde Nous est accordée pour un an tant seulement, et le fait et la charge desdictes Guerres sont grans et pesans, et telz qu'il requierent bien que l'en y pourvoie et resgarde diligemment, du consentement des diz troiz Estas qui moult grant affection ont, et moult grant desir de les mettre [c] affin, et de la hastive delivrance de nostre très chier Seigneur et Pere, avons ordené et ordenons que sans autres Lettres ou Mandemens de nostre-dit Seigneur ou de noz Gens, les diz troiz Estas se puissent rassembler en ladicte Ville de Paris, ou ailleurs, où bon leur semblera, par deux autres foiz et plus se [d] mestier est, [e] dudit lundi de *Quasimodo* jusques à l'autre premier jour de Mars mil trois cens cinquante-sept, pour pourveoir et adviser sur le faict de ladicte Guerre, et la provision et Ordonnance de ladicte Aide, et sur le bon Gouvernement du Royaume.

(*6*) *Item.* Pour ce que [f] pour la clameur du Peuple dudit

[a] *diminuer.*

[b] *declarer.*

[c] *à fin.*

[d] *necessité.*
[e] *depuis le lundi.*

[f] *par.*

N o t e s.

l'Hist. genealog. de la Maison de France, par les PP. Ange et Simplicien, t. 1. p. 548.

(*l*) *Le Comte de Flandre.*] Il se nommoit Loüis III. et estoit surnommé de *Male.* Il estoit Fils de Loüis II. Comte de Flandre, et surnommé de *Crecy*, et de Mar-

guerite de France, seconde Fille de Philippe le Long. C'est d'elle dont il est parlé deux lignes plus bas. V. l'Hist. genealog. etc. (Voy. Note precedente.) t. 2. p. 738. 739.

(*m*) *D'Alançon.*] Elle se nommoit Marie d'Espagne, et elle estoit Veuve de Charles de Valois II. du nom, Comte d'Alençon. Voy. l'Hist. genealog. etc. Voy. Note (*k*).

---

1. [« *Leur* » manque dans le texte des Ordonnances.]

Royaume et des Subgez, il est venu à nostre congnoissance qu'il ont esté grevez et travaillez plus que Nous ne voulsissions, tant ou fait de Justice qui a petitement esté soustenuë et gardée, des legiers pardons et remissions que on a fait en plusieurs mauvaiz cas de crimes, par le fait de la mutacion des Monnoyes, comme par prinses de vivres et de charroy, et autres pluseurs extorcions et exactions indeües qui ont esté faictes par aucuns mauvaiz Conseillers qui estoient lors Gouverneurs dudit Royaume, Nous considerans la grant obéïssance et amour des diz Subgez qu'il ont à nostre dit Seigneur et à Nous, et qui tousjours ont porté [a] paciaument les paines, travaulz et dommages qu'il ont souffert et sueffrent encores par le faict desdites Guerres, pour la grant pitié et compassion que Nous avons d'eulz pour les causes dessus dictes, leur avons promis et accordé, promettons et accordons en bonne foy, de nostre liberalité, auctorité et puissance, eu sur ce paravant bonne et mure deliberacion, les choses qui s'ensuivent.

Premierement. Que dores-en-avant à nostre pouvoir, Nous ferons et ferons faire bonne Justice en [b] merlant clemence, misericorde et pitié, là où il appartendra à faire de raison ; ne dores-en-avant Nous ne ferons pardons, ne remissions de [c] murdres ou de mutillacions de menbres faiz et perpetrés de mauvaiz [d] agait, par mauvaise volunté et par deliberacion, ne de ravissement ou efforcement de femmes, memement de [e] religions, mariées ou pucelles, de feus bouter en Esglises ou en autres lieux par mauvais agait, de trieves, asseuremens (n) ou paix jurées, rompuës ou brisées par semblable maniere, ne de (o) sauves-gardes enfraintes, ou autres cas semblables plus grans ; et se fait estoit par importunité, Nous voullons que il ne vaille et que obey n'y soit.

(7) *Item.* Nous commandons et estroitement enjoignons à tous Justiciers dudit Royaume des maintenant et pour tout temps avenir sur [f] quancques il se peuvent meffaire envers Monsieur et Nous, [g] les Gens du Parlement, les Gens des

a paciemment.
Mem.

b meslant.

c meurtres.

d de guet-à-pens.
e Religieuses.

f tout ce que.
g aux Gens.

Notes.

(n) *Ou paix jurées.*] Cela regarde les Guerres privées, dont l'abus subsistoit toûjours en France, malgré les Ordonnances des Roys. Voy. la Preface, § *Guerres privées.*

(o) *Sauves-Gardes enfraintes.*] Les Roys accordoient souvent des Lettres de Sauvegardes à des Monasteres ou à des Corps de Communautez. On en trouve en grand nombre dans les anciens Registres. Voy. la Table du premier et du second Vol. des Ordonn. au mot *Garde Royale.*

Enquestes, des Requestes, Seneschaux, Baillifs, Prevosts et à tous autres, que il facent bon et brief accomplissement de Justice chacun en droit soy, si comme à luy appartendra, en delivrant les Parties le plustost et le plus hastivement et aux [a] mendres coux et fraiz qu'il pourront par raison, et que gracieusement et amiablement les traittent, et meesmement les poures Gens qui auront à faire pardevant eulz. Et pour ce que Nous avons entendus que pluseurs Causes et besoingnes ou temps passé, ont trop esté [b] delaiées et mises arriere en la Chambre dudit Parlement par aucuns des Presidens qui y estoient, par faveur, congnoissance ou affection desordonnée, ou hayne qu'il avoient aux Parties, dont moult des-diz Subgez ont esté et encores sont [c] forment grevez, et dommagiez; car les Arrests qui deussent estre rendus et donnez aucuns [d] passé à vingt ans, sont encores à rendre, Nous avons ordonné et ordonnons que doresnavant cils qui seront oudit Parlement et en ladite Chambre des Enquestes, se assembleront en ladite Chambre à heure de Soleil levant, et que à grant diligence toutes excusacions cessans, il [e] querront ou feront querir par les Greffiers et Clercs dudit Parlement, tous les Procès vielz et nouveaux dont les Parties sont et (p) seront en Arrest, et yceulz [f] departent entre eulz, et en baillent à chacun sa porcion, parqoy tous les-diz Procès soient veuz et visitez deuement, et que tous les jours, ou au mains une foiz la sepmaine, Arrests soient faiz ou rendus, maiz [g] ad ce que li-diz Procès soient tous [h] delivrés; et facent deux Chambres, l'une pour [i] conseillier, et l'autre pour plaidier : Et leur enjoignons que ainsi le facent sur paine de estre privés de leurs Offices, et de encourre l'indignation de nostredit Seigneur et de Nous : Et leur commandons que il procedent aux [k] peremptoires le plus qu'il pourront bonnement.

(8) *Item.* Comme Nous avons entendu que le Peuple a esté et est moult grevez, tant parce que Prevostés, Vicontés, [l] Clergies et autres Offices pluseurs au temps passé, ont esté baillées à Ferme, et de ce moult de maulz et d'inconveniens sont venus, (q) comme aucun de ceuls qui tiennent les-diz Offices ainsi à Ferme ne pensent que rober et exiger indeuement les subgez, et pluseurs en y a des-diz Officiers qui ne

a moindres.

b differées.

c fortement.

d il y a 20 ans, passez.

e chercheront.

f partagent.

g jusqu'à ce que. Mem.

h jugez.

i juger les Procès de rapport.

k moyens décisifs.

l Greffes.

(p) *Seront en Arrest.*] Dont les procès seront en estat d'estre jugez.

(q) *Comme aucuns.*] Je crois qu'il faut lire, comme *parce que aucuns,* ainsi qu'on le lit plus bas.

3

sont pas dignes d'avoir ne exercer telz Offices, comme parce que les Baillifs, Seneschaux et Vicontes ont esté Juges ès Pays dont il sont ; Nous qui voulons monstrer bons examples aux haulx Justiciers et autres subgez, avons ordonné et ordonnons que Prevostés, Tabellionnages, Vicontés, Clergies et autres Offices appartenans au fait de Justice, ne seront plus venduës doresenavant ne baillées (r) à Ferme, maiz en Garde, et par le conseil des Gens des Pays et du Pays voisin, et que (s) les Gens, Baillifs, Seneschaux et Vicontes ne seront point Juges ès Pays dont il sont nez ou demourans ; et se aucuns en y a, Nous voulons qu'ilz soient ostez, et Nous mêmes par ces presentes les ostons du tout.

(*9*) *Item.* Pour ce qui est venu à nostre congnoissance que plusieurs des Officiers de nostre très-chier Seigneur et Pere, et des Notaires, Seneschaux, Baillifs, Prevosts et autres ont receuz en cas criminelz et capitalz, et aussi ont fait et font encores pluseurs (t) Prelas, Prinpces, Barons, Chevaliers et autres, (u) composicions, dont les crimes estoient estains et demouroient senz estre deuëment punis contre raison et le bien de Justice, Nous avons ordonné et ordonnons que toutes telles composicions cessent dores-en-avant, et deffendons à tous Justiciers tenens ou ayans Jurisdictions temporelles oudit Royaume, sur paine de perdre leur Jurisdiction temporelle, qu'il ne reçoivent aucunes personnes à composicions en cas de crime ou autres, maiz soit faicte plaine Justice.

(*10*) *Item.* Nous avons ordonné et ordonnons que les Causes de Parlement soient ª delivrées par ordres selon les anciennes (*x*)

a *jugées.*

N o t e s.

(*r*) *A ferme, mais en Garde.*] Voy. la Table du premier Vol. des Ordonn. au mot *Prevostes*, et celle du second aux mots, *Ferme, et Garde.* Cet Article ne fut pas observé pendant long-temps. Voy. cy-dessous une Ordonnance du 4. de Septembre 1357. pour affermer les Prevostez, les Greffes et les *Tabellionats.*

(*s*) *Les Gens.*] Ce mot n'est pas dans le Memorial de la Chambre des Comptes ; il est inutile.

(*t*) *Prelats, Prinpces, etc.*] Dans leurs Justices Seigneuriales.

(*u*) *Compositions.*] Traitez par lesquels les Criminels évitoient la peine dûë à leurs crimes, moyennant une somme d'Argent. Par l'ancien Droit des Germains, tous les crimes, excepté celuy de Leze-Majesté, estoient abolis par le payement d'une somme d'Argent, dont les Parties convenoient entre elles, et qui estoit quelquefois fixée d'Office par le Juge, lorsque les Parties ne pouvoient pas s'accorder. Voy. du Cange, au mot *Componere.*

(*x*) *Presentacions.*] Acte par lequel une Partie se *presente* devant ses Juges, pour estre jugée.

presentacions, senz ᵃ interposer ne ouyr Causes autres que celles qui par ordre du Rolle doivent estre delivrées, et soient mises ᵇ au Conseil par ce mesme ordre.

a intervertir l'ordre.

b appointées.

(*11*) *Item*. Et comme Justice ne peut estre bien gardée ne maintenuë, se ce n'est par personnes qui soient bonnes, loyaulz, sages et expers, (*y*) et meesmement de tel estat comme ceulz du Conseil de nostre dit Seigneur et Pere, du nostre, des Hostelz de luy et de Nous, de la Cour de Parlement, de la Chambre des Comptes, des Enquestes, des Requestes qui sont les principaulz de tout le Royaume et des deppendences, Nous par bon avis, et pour pluseurs causes qui à ce Nous ont meu, avons privez et privons, deboutez et deboutons de tous les Offices, Services et Conseils de nostre très-chier Seigneur et Pere, et des nostres, et senz rappel comme indignes et ᶜ mainz souffisans; c'est assavoir, (*z*) Maistre Pierre de la Forest, Simon de Bucy, Robert de Lorris, Enguerran du Petit-Celier, Nicolas Bracque, Jehan Chauvel, Jehan Poillevillain, Jacques Lempereur, Jehan Dauxerre, Maistre Jehan Challemart, Maistre Pierre Dorgement, Maistre Pierre de la Charité, Maistre Ancel Chocquart, Frere Regnault Meschins Abbé ad present de Faloise, Bernard Fremaut, Maistre Regnault Dacy, Maistre Estienne de Paris, Maistre Robert de Preaux, ᵈ Geoffroy le Masnier, ᵉ le Borgue de Veaux, Jehan de Behaingue et Jehan Tauppin.

c moins.

d Jouffroy le Mazurier. Mem.

e Le Borgne de Viaux. Mem.

(*12*) *Item*. Pour ᶠ eschever et relever les Subgez du Royaume des grans mises et depens dont il sont souvent grevez, parce que ès Causes traitiés oudit Parlement, ᵍ en faire les audicions et Enquestes, les Gens dudit Parlement sont commiz et envoyez; desquels aucuns ont accoustumé de prendre salaire trop excessifs, et aller à quatre ou cinq chevaux, combien que se il allassent à leurs despens, il leur souffisist bien à aler à deux chevaux ou à trois et à assez mendres despens, Nous avons ordonné et ordonnons que dores-en-avant lesdites audicions et Enquestes soient commises (*aa*) se les Parties le requierent, à bonnes personnes sages et loyaulz des Pays dont les Parties seront; et ou cas que lesdictes

f eviter.

g pour.

Notes.

(*y*) *Et meesmement de tel Estat.*] C'est-à-dire, qu'il est principalement important que ceux qui entrent au Conseil du Roy, etc. soient sages et experts.

(*z*) *Maistre Pierre de la Forest, etc.*] Voy. sur tous ces Officiers, la Preface, §. *Estats generaux.*

(*aa*) *Se les Parties le requierent.*] Voy. la Table du premier et du second Vol. des Ordonn. au mot, *Commissaires.*

Parties essiroient à Commissaires aucunes des Gens dudit Parlement, que aucuns desdiz Presidens, Commissaires ou autres, ne puist prendre pour luy et pour son Clerc que quarante soulz parisis (*bb*) ou Pays à parisis, et quarante soulz tournoiz ou Pays à tournoiz; et ou cas que l'une des Parties vouldroit avoir Commissaires du Pays, et l'autre du Parlement, Nous voulons et ordonnons que la Commission s'adrece à un des Conseillers dudit Parlement tel comme la Court ordenera, adjoint avec luy un preudomme du Pays de l'autre Partie; et pour ce que ceste Ordonnance soit publiée publiquement ou dit Parlement, et entre les autres choses enregistrée.

(*13*) *Item.* Et pour ce que à nostre congnoissance est venu par la clameur du Peuple, que toutes personnes qui avoient à faire en la Chambre des Comptes, feust la besoingne grosse ou petite, ou que l'en requiest raison, ne povoient par maniere du monde estre [a] delivrez, ainsoiz leur convenoit [b] muser et despendre tout le leur, et eulz en aler senz rienz faire, ja soit ce que en ladicte Chambre eust tres grant foison et confusion de Gens, et que il eussent excessifs droiz avecques leurs gages, dont maint de maulz sont venus, et les [c] marchiez de nostre-dit Seigneur et les nostres redoubtez à prendre, ne vouloient entendre aucuns qui eussent [d] chevance, et de ce pouvoient encores mainz maulz advenir se pourveu n'y est, tant sur le nombre de ceulz qu'il convient en ladicte Chambre, car quant [e] plus ont esté, moinlz ont esté, moinlz ont fait, comme sur la briefve [f] delivrance, et que ceulz qui establi y sont ne s'entremettent (*cc*) de congnoissance de Cause, Nous qui voulons en ce estre miz bon et bref remede à l'onneur et proufit de nostre dit Seigneur et Pere, de Nous et du Peuple, avons ordenné et ordennons que par Nous et le grant Conseil sera (*dd*) [g] fait certain nombre de Gens en ladicte Chambre, bons, loyaulz, sages et expers qui auront certains gages souffisans, liquel seront tenu de

a expédiés.
b perdre leur temps, et depenser leur Argent.
c Fermes.
d du bien.
e plus leur nombre a esté grand.
f expédition des affaires.
g establi.

NOTES.

(*bb*) *Ou Pays à Parisis... ou Pays à Tournois.*] Dans les Pays où les Parisis ont cours, et dans ceux où les Tournois ont cours.

(*cc*) *De congnoissance de Cause.*] Je crois que cela signifie, *ne s'entremettent de juger des Procès sur des matieres qui ne sont pas de leur competence :* ou peut-estre mesme, *ne jugent aucun Procès, mais ne travaillent qu'au Jugement des Comptes.*

(*dd*) *Fait certain nombre de Gens.*] Voy. la Preface, §. *Estats generaux.*

venir en ladicte Chambre à heure de Soleil levant, et jureront aux Sains Evangilles de Dieu, que bien et loyalment il ^a deliverront la bonne Gent et par ordre, senz eulz faire muser, et feront ce qu'il appartendra à faire pour cause de leurs Offices, senz eulz entremettre de congnoissance de Cause aucune; et se il faisoient le contraire, Nous voulons que ilz soient de leurs Offices privez; et avecques ce ordonnons que le nombre qui sera ordonné des-dictes Gens, tiengne sens plus y en mettre.

(*14*) *Item.* Et par exprès se fera par la maniere que dessus, certaine Ordenance de nombre de Gens qui tenra à tousjours en la Chambre de Parlement, ès Enquestes, ès Requestes, et des Notaires, Secretaires, Sergens, et Huissiers d'Armes et autres Officiers, laquelle Ordonnance tenra et sera publiée et registrée : lesquelz jureront par la maniere dessus-dicte, de bien exercer, chacun en droit soy, son Office, selon l'ancienne Ordonnance, et sur la paine dessus dicte. ^b

(*15*) *Item.* Pour ce que par le fait de la muttacion des Monnoyes, le Royaume a esté et est moult adomagiez, et tout le Peuple forment grevez et appovriez, Nous promettons en bonne foy de faire faire bonne Monnoye dores-en-avant d'Or, d'Argent blanche et noire; c'est assavoir, (*ee*) Florins au Mouton d'Or fin de cinquante et deux au marc, pour trente soulz tournoiz la Piece; demi Moutons pour quinze soulz tournoiz, de telle (*ff*) Taille, de tel alloy et tel cours ou mise comme par les troiz Estas est conseillé, et comme il appert plus à plain par certaine Instruction sur ce faicte de nostre commandement, laquelle est pardevers le Prevost des Marchans, et ^c les Patrons desdites Monnoyes d'Or, d'Argent blanches et noires; et (*gg*) le pié d'icelles ne changerons, muerons ne empirerons senz avoir sur ce conseil et deliberacion et consentement avecques les-diz trois Estas, auxquels Nous avons promis et promettons en bonne foy que sur le faict de ladite Monnoye, Nous establirons et ordonnerons par le conseil des-diz trois Estats ou de leurs Deputés bonnes personnes, loyaulz et bien congnoissans en ce fait, lesquelz

^a *expediront les affaires.*

^b *Art. 13. à la fin.*

^c *par.*

N O T E S.

(*ee*) *Florins au Mouton d'Or, etc.*] Voy. cy-dessous, l'Ordonnance du 12. de Mars 1356. Art. premier.

(*ff*) *Taille.*] On appelle la Taille des Especes, la quantité des Pieces qui doivent estre faites avec un marc de Metal. Voy. le Traité des Monnoyes de Boizard, Explicat. alphabet.

(*gg*) *Le pié.*] C'est-à-dire, la Taille, la loy, et le prix.

Nous jureront et feront serment sur Saintes Evangilles, et en la presence des-diz generaux Deputés à Paris, que bien et loyalment il exerceront l'Office des-dites Monnoyes, et n'i ^a commettron barat, fraude ou malice, ne ne amenuiseront ne empireront le pié de ladicte Monnoye senz l'avis et consentement des-diz troiz Estas, et eulz sur ce appellez : Et oultre promettons en bonne foy, et ferons promettre à nos-diz Freres, nostre cher et amé Oncle (*hh*) le Duc d'Orleans, nos chers et amés Cousins les Contes d'Estampes et d'Alançon, et oultre ferons jurer aux Saintes Evangilles de Dieu tout le grant Conseil de nostre-dit Seigneur et de Nous, les Chanceliers, les Maistres des Comptes, les Tresoriers, Maistres, Gardes et Contregardes et autres Officiers des Monnoyes presens et avenir, que contre les choses dessus-dictes, Nous ne eulz ne conseillerons, ne ne consentirons estre conseillé ne estre fait le contraire, mais tenrons et garderons fermement chacun de Nous l'Ordonnance dessus-dicte jusques au premier jour de Mars qui sera l'An mil troiz cens cinquante-sept dessus-dit : Et oultre promettons en bonne foy, ^b se il est aucun qui Nous emeuve ou enduise à faire le contraire, il sera privez et deboutez de tous Offices et services perpetuelment : Et pour ce que par porter le Billon hors du Royaume, li-diz Royaume et li Peuples dicellui ont esté et sont moult dommagiez, Nous avons ordonné et deffendu sur paine de perdre tout le Billon, et d'estre autrement ^c grefment punis, que dores-en-avant aucuns ne portent ou envoient aucun Billon hors du Royaume, et ad ce que nostre Ordonnance quant ad ce soit nottoire à tous, Nous ordonnons et commandons que ceste Ordenance soit criée publiquement à Paris, et aux autres Cités, Chasteaulz et bonnes Villes du Royaume.

(*16*) *Item.* Pour ce que Nous savons certainement que ou temps passé, le Peuple a moult esté grevez et dommagiez par le fait de (*ii*) prises de ^d Blefs, Vins, Vivres, ^e Garnisons, Chevaux et autres choses, lesquelles ont esté faictes excessivement par aucunes Gens de nostre tres chier Seigneur et Pere, de nos ^f Chevaucheurs et autres, avons ordonné, promis et accordé, accordons et promettons en bonne foy, que desoremaiz perpetuelment, toutes Prises cessent et cesseront pour

---

a diminueront.

b que.

c griefment.
Mem.

d Blez. Mem.
e provisions.

f Ecuyers.

N O T E S.

(*hh*) *Le Duc d'Orleans, etc.*] Voy. plus haut, p. 126. Note (*f*).
(*ii*) *Prises.*] Voy. cy-dessus, p.

27. l'Art. 12. de l'Ordonn. du 28. de Decembre 1355. Ce sont presque les mesmes termes. Voy. aussi les Notes.

nostre-dit tres chier Seigneur et Pere, pour nostre chiere Dame la Royne, pour Nous, pour nostre chere et amée Compaigne la Duchesse, pour nos-diz Freres et ceulz de nostre sanc et lignage, Lieutenant, Chancellier, Connestable, Mareschaux, Maistres des Arbalestiers, Maistres d'Ostels, Amiraux, Maistres des Garnisons, [a] Chastellains, Capitaines, Chevaucheurs ou autres Officiers quelconques : Et ne pourront nostre-dit Seigneur, Nous, ne autre prendre ne faire prendre sur les Gens du Royaume, Blefs, Vins, Vivres, Charettes, Chevaux ou autres choses quelles que elle soient, ainçoiz y renonçons ès noms que dessus, et pour les personnes dessus dictes, et à tout droit de [b] saisine, excepté les debtes qui sont [c] deubez de ancien heritage ; et aussi sauf que nostre très chier Seigneur et Pere, nostre très chiere Dame la Royne, et Nous alant par chemin, les Maistres desdiz Hostels pourront hors bonnes Villes, faire prendre par les Justices des lieux, fourmes, tables, tresteaux, coustes [d] coissins, foings, [e] feurres se il les treuvent batus, pour la necessité desdiz Hostelz, pour la journée tant seulement, et senz ce que il puissent batre ou faire batre aux bonnes Gens en leurs granges, et pourront prendre Voitures pour mener les choses dessus dictes ; [f] parmi ce touteffoiz que ce soit à juste pris, et que l'en ne puisse tenir les Voitures plus [g] hault d'un jour, et que l'en paie le juste pris lendemain au plus tart ; et se l'en deffailloit de paier audit lendemain, ceulz sur qui l'en vouldroit prendre les choses dessus-dictes ne seront tenus de obéïr, maiz pourroient resister jusques à tant qu'il feussent paiez et satisfaiz entierement ; et avecques ce pourront, pour cause de ce, poursuir les preneurs ou les Chiefs d'Offices pardevant le Prevost de Paris, ou devant les Juges où les Prinses aront esté faictes.

(*17*) *Item.* (*kk*) Pour ce que aucuns ont si accoustumé de prendre ou user de Prise oudit Royaume, que apaines s'en pourroient tenir, Nous avons voulu, promis et accordé, accordons et promettons en bonne foy, que se l'en veult pour nôtre-dit Seigneur, pour Nous ou pour les dessusdiz faire Prises

a Comman-
dans dans les
Châteaux.

b possession.
c deuës.

d cousins.
e fourrages.

f pourvû.

g plus long-
temps.

N o t e s.

(*kk*) *Pour ce que aucuns.*] Cet Article est copié presque mot pour mot sur l'Article 13. de l'Ordonn. du 28. de Decembre 1355. à l'exception que dans celuy-là, il y a, que pour resister aux preneurs, on pourra s'assembler par cri ou autrement, *sans son de cloche*, et que dans celuy-cy, il y a, se pourront assembler par cri, *par son de cloche*, ou autrement. Voy. cy-dessus, p. 28. cet Article 13. et les Notes.

oudit Royaume par quelque autorité ou necessité que ce soit, sauves les modifications dessusdictes, que chacun y puisse resister de fait et ^a requeurre senz paine et senz amende, et que les preneurs ne soient reputez que privées personnes : Et se ceulz sur qui l'en vouldra prenre, ne sont assez fors pour resister aux preneurs, qu'ils puissent appeller aide de leurs Voisins et des Villes prouchaines, ^b lequelles se pourront assembler par cry, par son de cloche ou autrement, selon ce que bon leur semblera, pour resister auxdiz preneurs : et se ils vouloient batre, ^c villener, ou faire force, l'en se pouroit revenchier par semblable maniere senz encourre paine ou amende ; et avecques ce seront pugnis ou quadrupple de la chose, ceulz qui de fait se efforceront de prendre, et en pourront estre poursuiz en quelque lieu qu'il plaira à ceulz sur qui il aront prins, ou se seront de fait efforciez de prendre : et quant à ceulz qui les vouldront poursuir criminelment, lesdiz preneurs seront puniz comme ^d robeurs, et les pourra chacun mener en prison fermée de la prouchaine Justice, et quant ad ce sera chacun tenus et reputez pour Sergent ; Et ne pourront lesdiz preneurs estre delivrés ou mis hors de prison par adveu ou garant de quelque personne que ce soit, ne mis hors de prison par cession de biens ou autrement, jusques à tant qu'ils ayent entierement payé et satisfait de tout ce qu'ils auront prinz ou de fait efforciez de prendre, et aussi jusques ad ce qu'il ayent payé l'amende en laquelle il seront condempnez ; et seront lesdiz preneurs puniz comme de force publique, de roberie et de ravissement : Et avecques ce, ne leur presteront les Justices des lieux force, faveur ne aide aucune, maiz seront tenus de les punir en la maniere dessusdicte : Et se les Juges ou Justiciers en sont refusans ou delayans depuiz qu'ils en aront esté requis suffisamment, il seront tenus de rendre et payer le dommage, et seront puniz ou quadrupple de la chose, avecques paine corporelle selon l'arbitrage du Juge : et se pour cause et occasion de ce naissoit ou mouvoit debat, riot ou question contre les résistens ou ceulz qui rescourroient affin que les choses ne feussent prinses, l'en ne les pourroit ^e traitier en Jugement, d'Office ne à requeste de Partie, pardevant Maistres d'Ostel, Lieutenans, Connestable, Mareschaux ne autres Justiciers ou Officiers quelconques, fors seulement pardevant les Juges ordinaires des deffendeurs, et se adjournez y estoient, ils n'y seroient tenus de obeir, ne de aller à la journée pour alleguer privillege, ne pour autres causes quelconques ; Et se ils estoient mis en deffault par vertu de tel adjournement, et l'en les vouloit ^f gaiger pour cause et occa-

^a *reprendre.*

^b *qui.*

^c *maltraiter.*

^d *voleurs.*

^e *traire.* Mem.

^f *saisir leurs Meubles.*

sion desdiz deffaulz, il n'y seront tenus d'obéïr, maiz se pourront rescourre et resister de fait; et aussi en [a] pourra l'en poursuir en Parlement senz long procès et figure de jugement, ceulz qui auroient donné les commissions, soient Maistres d'Ostel ou autres; Et jurera le Procureur du Roy qui est ad present et qui sera pour le temps, que si-tost qu'il [b] vendra à sa congnoissance, il poursuivra lesdiz preneurs au plus rigoureusement qu'il pourra, combien que la Partie n'en face aucun pourchas ou poursuite; Et avecques ce, voulons que cilz qui bailleront telles commissions, soient privez de leurs Offices, et contrains à rendre les dommages et interests.

(*18*) *Item.* Ordonnons que des [c] Scellez du Chastellet, aucuns Juges ou Justiciers n'ayent la Court ou congnoissance, ne ne retiengnent pardevers eulz ou cas où il cherroit opposition entre les Parties, fors que le Prevost de Paris tant seulement se il plait ou créancier; et deffendons à tous autres Juges quelconques que il ne s'en entremettent : Et avecques ce, deffendons à ceulx qui tenrront le Parlement, que ilz ne se entremettent de tenir ou [d] traitier pardevers eulz les Causes ordinaires resgardans ledit Prevost.

(*19*) *Item.* Par semblable maniere, deffendons expressement et [e] par grant clameur qui Nous a esté faicte, à tous Senechaux, Baillifs, Vicontes, que des Jurisdictions ordinaires des Prevosts ne s'entremettent en aucune maniere, et qu'il ne prengnent pour leurs Sceaulz et Escriptures des Actes ou Memoriaulz, que douze deniers, se il n'apparoit les Escriptures estre trop grans : avecques ce, que amendes il ne adjugent ne [f] tauxent fors selon l'ancienne coûtume des pays où ils seront, supposé que autrement on en ait usé aucunes foiz.

(*20*) *Item.* (*ll*) Pour ce que il est à nôtre congnoissance venu que plusieurs subgez du Royaume ont moult esté grevez et dommagiez par ceulz qui ont esté commis à lever, imposer et exploitier la Gabelle, Imposition, et Subsides octroyez en l'année passée, et que ce que il levoient, il ne tournoient pas à moitié ou prouffit de la Guerre, mais à leur prouffit singulier et particulier, Nous qui à telz malices voulons pourveoir, et ceulz qui mal ont fait faire pugnir, affin que li autres y prengnent exemples, avons ordonné et ordonnons que les Esleus des trois Etats par les Dioceses sur le fait de l'Aide, lezquelz Nous commettons à ce, voyent le conte des Esleuz,

a *pourra-t-on.*

b *viendra.*

c *des Actes scellez du scel du Chastelet.*

d *traire.* Mem.

e *à cause des plaintes.*

f *tauxent.*

Impositeurs, Receveurs, Collecteurs de l'année passée, et après ᵃ s'enfourment au mieulx et plus diligemment qu'il pourra estre fait, chacun en sa Diocese, de ce qui aura esté levé des choses dessusdictes, et en qu'elle Monnoye, et par qui, et le rapportent à Paris audit lendemain de *Quasimodo* pardevers Nous et les Gens desdiz trois Etats, pour y pourveoir sur ce par la meilleure maniere qu'il pourra estre fait.

(*21*) *Item.* Quant aux payemens escheuz depuiz que la nouvelle (*mm*) Monnoye de douze deniers tournoiz ᵇ ot cours ès lieux où elle a couru, ordonné est que ce qui ara esté payé senz faire protestation ou senz aucune condition ᶜ se·tendra; et ceulz qui n'auront payé ou qui auront payé ᵈ par condition ou par contrainte, seront quittes en payant blans Deniers pour (*nn*) huit deniers tournoiz la Piece, ou autre Monnoye à la valüe.

(*22*) *Item.* Pour ce qu'il est vènu à nôtre congnoissance que plusieurs des Subgez du Royaume ont esté moult grevez et dommagiez par (*oo*) transport ou cessions fais en personnes plus ᵉ poissans; de l'accort et consentement desdiz troiz Etats avons ordonné et ordonnons que aucun ne face transport ou cession de debte en plus poissants personne, par donation, vendition ne autrement, ne en aucun des Officiers de nôtre très-cher Seigneur, des Nôtres ou d'autres Seigneurs, ne en personnes privilegiées à cause de (*pp*) Escolage ne autrement, maiz generalement deffendons tous telz transpors ou cessions, et yceulz decernons nulz et de nulle valüe, et voulons et ordonnons que les cedens ou transportans perdent leurs actions, et soient eulz et les recevans telz dons ou cessions, punis

ᵃ *s'informent.*

ᵇ *eust.*

ᶜ *aura son effet.*

ᵈ *sous.*

ᵉ *puissantes.*

Notes.

(*mm*) *Monnoye de douze deniers tournois.*] Voy. sur cette Monnoye le Mandement du 23. de Novembre 1356. et la note (*c*) [cy-dessus, p. 87.]

L'on ne peut entendre cet Article sans connoistre la maniere dont les *Monnoyes* estoient gouvernées dans ces temps-là. Je tâcheray de donner dans ma Preface quelques éclaircissemens sur cette matiere, parmi lesquels l'explication de cet Article trouvera sa place.

(*nn*) *Huict deniers tournois.*] Les Deniers blancs valoient alors huict deniers. Voy. cy-dessous l'Article premier de l'Ordonnance du 12. de Mars 1356.

(*oo*) *Transport.*] Voy. cy-dessus, p. 30. l'Article 16. de l'Ordonnance du 28. de Decembre 1356.

(*pp*) *Escolages.*] *Les Escoliers* qui estudioient dans les Universitez, avoient leurs Causes commises devant un Juge marqué. C'est ainsi que le Prevost de Paris est Conservateur des Privileges de l'Université de Paris, et Juge des affaires de tous ses Suppots.

d'amende arbitraire, et à rendre tous coux, frais et despens à Partie adverse, que pour ce aura eu, soustenu et encouru; et se aucuns transpors ou cessions sont ja faiz, desquelz la question n'est pas encore finie ne déterminée, Nous les cassons, rappellons et mettons du tout au néant, et les décernons estre nulz et de nulle valüe, en quelque estat que le Procès soit.

(23) *Item.* (*qq*) Et pour ce que pluseurs des Officiers de nôtredit Seigneur et de Nous, se sont maintes-foiz efforciez de attribuer à eulz la Justice et Jurisdiction des Seigneurs et Juges ordinaires, dont le Peuple a esté et est forment grevez, Nous qui desirons que chacun use de ses droiz, avons ordonné et ordonnons que toutes Justices et Jurisdictions soient laissez aux Juges ordinaires, et à chacun singulier en sa Jurisdiction, senz ce que les Baillifs, Prevosts ou Justiciers les puissent traire devant eulz, [a] se n'est en pur cas de ressort et souverainneté seulement, et senz ce que les Subgez (*rr*) par moyen ou senz moyen soient desormais traiz ou adjournez pardevant Maistres d'Ostel, Maistres des Requestes d'Ostel, Lieutenans, Connestables, Mareschaux, Admiraux, Maistres des Arbalestiers, Maistres des Eaues et des Forests, ou leurs Lieuxtenans; exceptez tant seulement que les Maistres des Requestes de l'Ostel aront la congnoissance des Offices, et aussi des Officiers desdiz Hostelz en action personnelle pure, et en deffendent tant seulement, et non pas en demandant; Et aussi demourra au Connestable la connoissance des Sergens d'armes en actions personnelles et en deffendent, en tant comme resgarde le fait de leurs Offices tant seulement : Et pourront congnoistre lesdiz Mareschaux, Connestable ou leurs Lieutenans quant aux actions personnelles, et entre ceulz qui presentement seront en la Guerre, et en deffendant tant seulement; senz ce toutevoies que ceulz qui sont en la Guerre puissent en demandant faire adjourner ou couvenir en action personnelle ou réelle, ceulz qui ne sont pas en la Guerre. Et aussi pourront les Maistres des Eaues et des Forests congnoistre des Causes resgardans leurs Jurisdictions ordinaires;

[a] *si ce.*

N o t e s.

(*qq*) *Et pour ce que, etc.*] Voy. cy-dessus, p. 30. l'Article 18. de l'Ordonnance du 28. de Decembre 1355. Ce sont presque les mesmes mots : cet Article-cy est cependant un peu plus estendu.

(*rr*) *Par moyen, ou senz moyen.*] C'est-à-dire, que les Parties ne seront point adjournez devant ces Juges, ni en premiere Instance, ni par Appel.

c'est assavoir touchant le fait desdictes Eaues et des Forests

a *Domaine.* estans ou ᵃ Demaine de la Couronne seulement : Et en nul autre cas, aucun ne pourra estre traiz ne adjournez fors selon la teneur des anciennes Ordonnances, et en sa Chastellenie et ressort, soit que les Causes touchent nôtredit Seigneur, Nous ou autres ; et se il y est trais, il n'y sera tenus de obéïr ne de aler à la Journée : et aussi deffendons aux Baillifs et autres Juges et Officiers de nôtredit Seigneur et de Nous,

b *traient, tirent.* qu'il ne ᵇ traittent les Subgez de leurs Bailliages, (*ss*) hors de leurs Chastellenies, et que il ne les traient pas d'une Chastellenie en autre.

(*24*) *Item.* (*tt*) Nous avons entendu que pour ce les Maistres des Eaues et des Forests, Gruiers et autres Officiers, sur umbre de leurs Offices, s'efforcent de attribuer à eulz la congnoissance par tout le Royaume, tant des Eaues de nôtredit Seigneur et Pere, et des Nôtres, comme des Prelats, Barons et autres Justiciers, et sur umbre de ce, prennent et font prendre en autres Eaues et en autres Jurisdictions que en celle de nôtredit Seigneur et Pere et nôtres, les Engins, (*uu*) Roiths et Fillès, et s'efforcent aussi d'avoir la congnoissance et pugnicion de ceulz qui peschent contre les Ordonnances Royaulz, ès Eaues des Subgez du Royaume, et de leur volunté, les amendes qui ne sont ou doivent estre selon l'ancienne Coûtume que de soixante soulz, sont arbitraires, et les arbitrent à leur volunté senz raison et Justice garder, tant aux Subgez de nôtredit Seigneur et de Nous comme autres, Nous accordons et voulons et par exprès leur deffendons que dorescnavant il ne tiengnent (*xx*) congnoissance, Jurisdiction, ne ne s'en entremettent en aucune maniere ; et se ils faisoient le contraire, que on n'y obéïsse ; et qu'ils ne puissent les amendes

c *diminuer.* acroistre ou ᶜ amenuisier, fors selon l'ancienne Coûtume tant seulement.

N o t e s .

(*ss*) *Hors de leurs Chastellenies.*] Dans ces temps-là, les Baillis n'avoient pas de Siege fixe, mais ils alloient tenir leurs Assisses, et juger les Appels dans les differentes Chastellenies de leur ressort.

(*tt*) *Nous avons entendu, etc.*] Voy. cy-dessus, p. 31. l'Article 19. de l'Ordonnance du 28. de Decembre 1355.

(*uu*) *Roiths.*] Il y a *Rois* dans le Memorial de la Chambre, et *Reths* dans l'Article cité dans la Note precedente.

(*xx*) *Congnoissance, Jurisdiction.*] Il semble qu'il manque-là quelques mots, que l'on peut suppléer par l'Article cité dans la Note (*tt*).

— 29 —

(*25*) *Item*. (*yy*) Pour ce que lesdiz Maistres des Eaues et des Forests et aucuns autres dudit Royaume, Ducs, Contes, Barons et autres se sont efforciez et efforcent de jour en jour, de extendre et accroistre les Garennes anciennes, et de faire et acquerir nouvelles Garennes, par quoy l'en ne peut labourer proufitablement, maiz demeurent les labourages à faire; et quant ils sont faiz, si sont-ils perdus et gastés, Nous avons accordé et octroyé, accordons et octroyons que toutes Garennes et accroissemens de Garennes ^a alevées depuis quarante ans, soient du tout mises au néant, et par ces presentes les ostons et mestons au néant et abatons du tout; et oultre donnons congié et licence que chacun y puisse ^b chacier et prendre senz aucune amende.

a faites.

b chasser.

(*26*) *Item*. Soit venu à nôtre congnoissance que en pluseurs parties du Royaume, une personne exerce pluseurs et divers Offices dont moult de maulz et de perilz se pevent ensuir, Nous deffendons et ordonnons que doresenavant aucuns Seneschaulz, Baillifs ou autres Officiers de nôtre très-cher Seigneur et Pere, et de Nous, n'ait ou exerce, ou face exercer par autre à son prouffit, par vertu de quelconques Dons, Lettres ou Mandemens qu'il ait sur ce, Office de Seneschal, de Baillif et de Tabellionnage ou autre Office semblable ensemble, mais soit chacuns contens d'un Office tant seulement: Et oultre deffendons ausdiz Seneschaux, Baillifs et ou autres Officiers exercens Jurisdiction, qu'il ne facent leurs Lieutenans de Advocas, de Procureurs, ou Conseillers communs et publiques de leurs Cours, ou d'aucuns autres Seigneurs; et ou cas qu'ils feront le contraire en aucuns des cas dessudiz, Nous dès maintenant mettons tout au néant, et si les priverons des Offices qu'ils aront ainsi prins par leur convoitise, et encore les punirons Nous autrement.

(*27*) *Item*. Pour ce que Nous entendons que de la Court de nôtredit Seigneur et Pere et de Nous, (*zz*) pluseurs Commissions sont empetrées, et baillées à pluseurs personnes autres que de la Court de nôtredit Seigneur et Pere, comme Mareschaux, Capitaines, Notaires, Advocas, Procureurs ou autres privées personnes, dont les Parties sont communement moult

N O T E S.

(*yy*) *Pour ce que, etc.*] Voy. cy-dessus, p. 31. l'Article 20. de l'Ordonnance du 28. de Decembre 1356. Il y a quelque difference

entre cet Article et celuy-cy.

(*zz*) *Pluseurs Commissions.*] Voy. sur ces Commissions données par le Roy ou par le Parlement, les Lettres du 30. d'Aoust 1351. dans le 2. Vol. des Ordonnances. p. 166.

grevées, Nous avons ordonné et ordonnons que dès maintenant doresenavant telles Commissions soient nulles, et oultre ne soient passées ; et deffendons à Maistres des Requestes qu'il ne passent nulles telles Requestes, et à tous Notaires, Secretaires et autres qu'ils ne facent ne ne signent aucunes Lettres : Et voulons que les Juges ordinaires des Parties contre qui les Lettres seroient empetrées, en congnoissent, et ne souffrent à telles Commissions estre obéy.

(*28*) *Item*. (*aaa*) Pour ce que par la clameur du Peuple avons entendu que aucuns des Sergens de nôtredit Seigneur et Pere et de Nous, desquels le nombre est moult excessif, et lesquels Nous entendons et ferons amoderer et restraindre, s'efforcent de prendre salaires excessifs, et pour pluseurs exploiz selon le nombre des exploiz qu'ils ont faits, combien que facent pluseurs exploiz en un jour, de quoy le Peuple à moult esté grevez jusques-cy, Nous voulons et ordonnons que lesdiz Sergens et Commissaires ne puissent prendre pour un jour que le salaire d'une journée tant seulement, ja-soit ce que en icelluy jour, il facent pluseurs executions ou exploiz et pour pluseurs personnes, et que de leurs salaires moderés il soient contens, senz ce que il puissent exiger, extorquer ou demander autre chose pour leurs despens, et se il font le contraire, que il soient privés de leurs Offices, punis griefment et mis en prison, de laquelle il ne pourront estre delivrés, relachiez ou eslargiz jusques à tant que il aient rendu ce qu'il en avoient exigié ou extorqué à tort, et paié l'amende à laquelle il seront pour ce condempnez.

(*29*) *Item*. (*bbb*) Avons ordonné que tous Officiers et Sergens, excepté les Sergenteries fiefvées ou à heritage, exerceront desormaiz leurs Offices en leurs propres personnes, senz ce que il les puissent faire desservir par autruy : especialement Chastellains de Chasteaux, et que contre ce ne sera aucune grace donnée : Et se aucune en avoit esté faicte par nôtre très-chier Seigneur et Pere, ou Nous, Nous les rappellons et mettons du tout au néant : et pour que ce aucuns se sont attendus auxdictes graces, il Nous plaist que leurs Offices ils puissent vendre ou autrement transporter dedens trois mois,

N O T E S.

(*aaa*) *Pour ce que, etc.*] Cet Article est precisement le même que l'Article 21. de l'Ordonnance

du 28. de Decembre 1355. Voy. cy-dessus, p. 31.

(*bbb*) *Avons ordonné, etc.*] Voy. cy-dessus, p. 32. l'Article 22. de l'Ordonnance du 28. de Decembre 1355. Ce sont les mêmes termes.

à compter de la publication de ces Ordonnances, senz ce que ledit temps leur puisse estre alongié, [a] prorogié par grace ou autrement : Et se grace en estoit faicte, dès maintenant pour lors Nous la tenons et reputons nulle et de nulle valüe.

(30) Item. Il est venu à nôtre congnoissance que les Huissiers de Parlement, les Sergens à Cheval et autres, en allant faire leurs exploiz, mainent grant estat, et font grans despens aux coux et aux frais des bonnes Gens pour qui il font les exploiz, et vont à deux Chevaux pour plus grans salaires gaigner ; lesquels se il aloient en leurs proppres besoingnes, iroient aucune-fois à pié, ou seroient contens d'un Cheval : Nous qui voulons [b] refrener telz despens excessifs, tauxons et admoderons leurs salaires pour chacune journée à huit solz parisiz ou pays à parisiz, et tournoiz ou pays à tournoiz, et voulons et ordonnons que de ce salaire il soient contens pour chacune journée : et oultre avons ordonné et ordonnons qu'aucuns ne soient receups à Offices de Huissier de Parlement, ou de Sergent à Cheval, se il n'est bien congneu expert et souffisant pour faire tout ce qui appartient à son Office : Et oultre avons ordonné et ordonnons que doresenavant les Baillifs et Prevosts [c] praignent bonne caution et souffisant desdiz Sergens et Officiers, et telle caution et si souffisant que Partie grevée par leurs mauvaistiez, coulpe ou négligence dampnable, puisse recouvrer ses pertes et dommages sur eulz : et oultre avons ordonné et ordonnons que lesdiz Baillifs et Prevosts qui de ce faire seront remis ou négligens, soient tenus de rendre et payer lesdites pertes et dommages, se li Sergens n'a de quoy payer ou les rendre ; et oultre ordonnons et par exprès deffendons que Receveurs, Gruiers, Vicontes ne facent ou establissent doresenavant aucuns Sergens ou Commissaires, mais leur commandons et estroictement enjoignons qu'il facent faire leurs exploiz et leurs executions par les Sergens ordinaires des Bailliages ou Prevostés ; et ou cas qu'il feront le contraire, Nous n'y voulons estre obéy.

(31) Item. (ccc) Nous avons entendu que pluseurs des Conseillers et Officiers de nostredit Seigneur et de Nous, tant du grant Conseil comme autres, ont accoustumé par personnes interposées, de faire et exercer très-grandes [d] marchandises, dont les denrées sont aucunes-foiz par leur mauvaistiez grandement enchieries ; et qui pis est, pour leur [e] hautesse, il est

a *prorogé.*

b *moderer.*

c *bailleut.* Reg. du Ch.

d *le commerce.*

e *à cause de leur dignité et de leur autorité.*

N o t e s.   Voy. cy-dessus, p. 32. l'Article 24. de l'Ordonnance du 28. de
(ccc) *Nous avons entendu, etc.*] Decembre 1355.

peu de personnes qui osent mettre pris aux denrées que eulz ou leurs Facteurs pour eulz, veulent avoir ou acheter, de quoy les bons Marchans sont grandement dommagiez et grevez, dont il Nous déplaist [a] forment : Et pour ce, Nous avons deffendu et deffendons à tous les Conseillers et Officiers tant de nostre très-chier Seigneur et Pere comme de Nous, et especialment à ceulz cy-après nommés et exprimés : c'est assavoir, aux Gens du grant Conseil, aux Presidens de Parlement, aux Maistres des Requestes de l'Ostel, aux Gens de la Chambre des Comptes, aux Tresoriers, Receveurs, Collecteurs, Maistres des Éaues et des Forests, Gruiers, Eschançons, Sommelliers, Barrilliers, [b] Pennetiers, Bouteilliers, Maistres d'Escuieries, Maistre des Monnoyes, Gardes, Contre gardes et autres Officiers d'icelles, Maistres des Garnisons, Seneschaux, Baillifs, Prevosts, Procureurs de nostredit Seigneur et de Nous, Secretaires, à tous Chastellains et tous austres Juges ou Officiers quelconques, que par eulz ne par interposée personne, doresnavant il ne exercent le fait de la Marchandise ou du Change, ne ne soient [c] compaignons avecques autres, sur paine de perdre la Marchandise et autrement estre pugnis griefment : Et avons ordonné que aucunes graces ne seront faictes au contraire ; et se aucunes en estoient faictes, Nous les reputtons nulles et de nulle valüe : Et se aucun se efforce de faire ne user du contraire, il en seront punis griefment.

(32) *Item*. (*ddd*) Comme par la mauvaise Ordonnance de faire crier les Arrierebans, plusieurs des Subgez du Royaume ayent esté soupçonnez et [d] approuchiez, en eulz imposant que aux [e] cas des Arrierebans ils estoient moinz souffisaument comparus, laquelle chose se vraye estoit, Nous leur avons remis et pardonné, et encore remettons et pardonnons tout à plain par ces presentes, Nous qui ne desirons pas faire telles exactions sur ledit Peuple, maiz les voulons [f] eschiver de tous dommages, avons ordonné et ordonnons que aucun ne puisse doresnavant faire Arrierebans, fors tant seulement nostre treschier Seigneur et Pere et Nous, et icelluy ne pourront faire fors apres Bataille, et en cas de pure et évident necessité, et

N o t e s.

(*ddd*) *Comme par la mauvaise Ordonnance, etc.*] Je crois que cela peut signifier, que les convocations de l'Arriere-ban n'avoient pas esté faites avec les formalitez necessaires, en-sorte que plusieurs personnes n'avoient pas sçû qu'ils eussent esté convoquez. Voy. sur les Arriere-bans, cy-dessus, p. 34. Article 26. Il y a quelque difference entre les deux Articles.

a fortement.

b Pannetiers.
Mem. de la Ch. des C.

c associez.

d adjournez.

e aux convocations.

f exempter.

bien conseillé sur ce, et eu advis et délibération avec les Esleuz de par lesdiz troiz Etats, se bonnement les povons avoir.

(*33*) *Item*. Nous avons ordonné et ordonnons qu'il sera publiquement crié sur paine de corps et d'avoir, que aucuns Nobles ou autres Gens-d'Armes ne se partent hors du Royaume durant ces presentes Guerres, pour quelque cause ou voiaige que ce soit, se ce n'est par aucune condempnation, ou congié de Souverain.

(*34*) *Item*. Sera crié publiquement, et deffendons sur paine de corps et d'avoir à tous Nobles et non-Nobles, que durant le temps de ces presentes Guerres, aucuns d'eulz à l'autre ne meuve ou face guerre en quelque maniere que ce soit, couverte ou ouverte, ne ne face faire sur paine de corps et d'avoir; et avons ordonné et ordonnons que se aucuns fait le contraire, la Justice du lieu, Seneschals, Baillifs, Prevosts ou autres, appellés ad ce, se mestier est, les bonnes Gens du pays, prengnent telz [a] Guerriers[1], et les contraingnent senz delai (*eee*) par retenue de Corps et [b] explettement de leurs biens, à faire paix et à cessier du tout de [c] guerrier.

(*35*) *Item*. (*fff*) Nous avons ordonné et ordonnons et voulons qu'il soit ainsi publiquement crié, que chacun de quelque estat qu'il soit, puisse prendre, gaingner et piller sur les ennemis du Royaume, et que tout ce qu'il pourra prendre, piller ou gaingner soit tout sien, et soit tournés et convertiz du tout à son prouffit particulier, senz ce que aucuns des Lieutenans, Capitaines, Connestables, Mareschaux, Admiraux, Maistres des Arbalestiers, Trésoriers des Guerres ou autres de nos Officiers de nostre très-chier Seigneur et Pere et de Nous, y puissent demander ou reclamer part ou portion ne aucun droit, nonobstant quelconques Stilles et Usages à ce contraires autrefois gardés ès cas pareils, lesquels Stilles et Usages quant à present Nous ne voulons pas avoir lieu pour certaines et justes causes; se ainsi n'estoit que les dessus-nommés Officiers, ou les Genz ès nom d'eulz pour eulz, eussent été à la besoigne, et fait bien et souffisaument leur devoir; ouquel cas ils [d] partiroient aux soulz et à la livre seulement; sauf le droit de l'Amiral sur le fait de la mer.

a *Guerreurs.*
Mem. de la Ch
des C.

b *explottement.*
Mem. de la Ch.
des C.

c *guerroier.*
Mem. de la Ch.
des C.

d *partageroient.*

N O T E S.

(*eee*) *Par retenüe de Corps, etc.*] En les mettant en prison, et en

saississant leurs biens.

(*fff*) *Nous avons ordonné, etc.*] Voy. cy-dessus, p. 35. la premiere partie de l'Article 30.

---

1. [Le registre du Châtelet porte « guerrieurs ».]

(*36*) *Item*. (*ggg*) Avons ordonné et ordonnons que li Tresoriers des Guerres ne autres qui se melleront de bailler Lettres
de Quittance ou Cedulles, ne puissent prendre pour eulz, pour
leurs Clercs, pour leurs Sceaulz et Escriptures que douze deniers parisis ; et se ils en prennent plus, Nous voulons que
ils soient privés de tous Offices Royaulz.

(*37*) *Item*. (*hhh*) Avons ordonné et ordonnons qu'il soit publiquement crié de par nostredit Seigneur et de par Nous, et
deffendu sur la hart que aucuns Souldoyers soient du Royaume
ou de dehors, en alant passant ou venant, ne prennent, pillent
ᵃ *Blez.* ou robent ᵃ Blefs, Vins, Vivres quelconcqucs ou autres choses
sur les Subgez, en quelque lieu qu'il passeront, ne sur quelque personne que ce soit ; et se il s'efforcent de faire le
contraire, Nous voulons et ordonnons que chacun puisse ré-
sister de fait à leurs forces par tous les voyes et manieres
que ils pourront mieulz, appellez ad ce les Gens des Villes
voisines par son de cloche ou autrement, si comme bon leur
semblera, et de ce faire leur donnons pouvoir et auctorité, et
leur mandons et estroittement enjoignons, et aussi aux Justiciers des lieux que il leur prestent puissance, confort et aide
se mestiers est et sur ce sont requis ; lesquelz se ils en sont
deffaillans, ils en seront punis griefment, et seront privez de
leurs Offices, et tenus de rendre les dommages aux bonnes
Gens ; Et outre voulons que telz pilleurs soient si griefment
punis, que ce soit exemple à tous, et comme de roberie et
larcin.

(*38*) *Item*. (*iii*) Sera crié publiquement que se aucuns Soudoyers ou Gens-d'armes viennent ou sont hebergiez en Hos-
tellerie, il n'y pourront demourer plus d'un jour, depuiz
qu'ils seront receuz à gages ; et se plus y vouloient sejourner,
il seront boutés hors de fait, et contrains à aller en la Guerre
par la maniere que dessus est dit, se il n'avoient juste cause,
laquelle il seront tenus de monstrer à la Justice du lieu.

N o t e s.

(*ggg*) *Avons ordonné, etc.*] Voy.
cy-dessus, p. 36. l'Article 30. au
haut de la page.

(*hhh*) *Avons ordonné, etc.*] Voy.
cy-dessus, p. 36. l'Article 30. Il
est plus estendu que celuy-cy. Il
y a même quelque différence : car
celuy-cy parle de tous les Souldoyers, soient François ou Estrangers, et l'Article 30. ne regar-
doit que les Soudoyers Estrangers.
Dans celuy-cy, il est permis de
s'assembler au son de la cloche,
ce qui estoit expressement deffendu par l'Article 30.

(*iii*) *Sera crié, etc.*] Voy. cy-
dessus, p. 36. l'Article 32.

(*39*) *Item.* (*kkk*) Considerans ce qui a esté avisé et conseillé
par lesdiz troiz Estats ; c'est assavoir qu'ils Nous ont conseillé
à guerroier lesdiz ennemiz continuelment par mer et par
terre, le plus efforceement que l'en pourra, et que par autres
voyes ne peut estre mises fin èsdictes Guerres, se ce ne venoit
de l'aide de nostre Seigneur, Nous promettons en bonne foy
aux Gens desdiz troiz Etats, que auxdiz ennemiz ne seront
données trieves ne abstinences, se ce n'est par leur bon advis
et conseil.

(*40*) *Item.* (*lll*) Nous avons ordonné et ordenons, affin que
Nous, nous puissions plus prestement aidier des Gens dudit
Royaume, qu'il soit crié publiquement que toutes Gens soient
armés selon leur estat, et [a] ceulz qui ne le seront, soient
contrains à eulz armer ; laquelle contrainte sera faite quant
aux laiz, par les hautz Justiciers et (*mmm*) Majeurs des bonnes
Villes en leurs terres ; et quant aux Gens d'Esglise et Clergié,
par les Juges ordinaires de l'Esglise.

(*41*) *Item.* (*nnn*) Et pour ce que les Gens desdiz troiz Etats
Nous ont [b] avisé et monstré moult gracieusement, comment
pluseurs choses avoient esté (*ooo*) estrangées ou temps passé
par Dons excessifs et inutilles, et faiz à personnes qui n'estoient mie dignes ne souffisans de prendre telz Dons ne si excessifs, et que bonnement lesdiz Dons par raison ne se povoient ne devoient soustenir, en Nous requerant que lesdiz
Dons Nous voulsissions rappeller, et au |Demaine de la Cou-
ronne de France dont ils estoient yssus, rajoindre et rappli-
quier, comme ad ce Nous feussions tenus comme estans Lieuxtenans generaulz de nostre très-chier Seigneur et Pere, et
Gouverneur de tout ledit Royaume, Nous qui toûjours voul-
drions accroistre les Haultesses et Noblesses de ladite Couronne, et icelles tenir et garder en bon point et [c] deu estat,
avons promis et promettons en bonne foy aux Gens desdiz
troiz Estats, que nous tenrons, garderons et deffendrons de

a *que*

b *represente*

c *dû.*

N o t e s.

(*kkk*) *Considerans, etc.*] Voy.
cy-dessus, p. 36. la fin de l'Article
31.

(*lll*) *Nous avons ordonné, etc.*]
Voy. cy-dessus, p. 36. l'Article
32. il y a quelque difference.

(*mmm*) *Majeurs.*] Dans quelques
endroits du Royaume, on nomme
Majeur, le chef des Officiers Mu-
nicipaux des Villes.

(*nnn*) *Et pour ce que, etc.*] Voy.
cy-dessous les Lettres du 14.
d'Avril 1357.

(*ooo*) *Estrangées.*] Converties
en des usages tous différents de
ceux ausquels elles auroient dû
estre employées.

tout nostre povoir, les Hautesses, Noblesses, Dignités, Franchises de ladicte Couronne, et tous les Demaines qui y appartiennent et pevent appartenir, et que iceulz Nous ne alienerons ne ne soufferrons estre aliennés ne estrangiés ou mis hors [a] à nostre povoir, dudit Demaine : Et oultre leur avons promis et promettons en bonne foy, que se aucune chose dudit proppre Demaine, ou qui ait et doie avoir nature et condition de Demaine, en a esté ou est ostée, alienée, separée, mise hors ou eschangée par quelque maniere que ce soit, depuis le temps du Roy Phillippe le Bel, Nous pourchasserons et ferons à nostre povoir que tout sera rappelé, rajoint et unit audit Demaine, excepté des choses qui auroient esté données et baillées à Sainte Esglise, et à Dieu deuëment senz prejudice d'autruy, ou à cause de partage à aucuns du sanc et lignage de France, ou d'autres aucuns Dons à eulz faiz, ou pour Doüaires, ou pour récompensation d'autres heritages à la valüe, senz point de fraude ne de fiction : Et toutes-voyes bon avis et bonne déliberation quant aux autres personnes qui ne sont pas du sanc de France, à qui aucuns Dons pourroient avoir esté faiz ; car lesdictes personnes pourroient bien estre telles, et que si bien l'aroient desservi, et que tant vauldroient, qu'il ne seroit mie juste chose du [b] rappeller ; et aussi pourroient estre telles personnes esquelles lesdiz Dons seroient et sont si mal employez, que juste chose et honneste seroit du rappeller, et desmaintenant les rappellons et mettons au néant en ce cas.

(42) *Item.* Comme pour le temps passé, il ait eu en aucuns des grans Conseillers dudit Royaume, tout plain de négligence sur le gouvernement du Royaume, de venir tart en besoigne, et quant on y estoit venus, de petitement besoigner, Nous avons, pour obvier à ce, enjoint estroictement à tous ceulz et à chascun par soy, que Nous avons maintenu, esleuz et retenuz dudit grand Conseil par bon avis et conseil desdiz troiz Estats, que doresenavant sur ledit gouvernement que nous leur avons commiz, ils entendent et veillent diligemment toutes autres besoingnes arrieres-mises, et ainsi leurs avons fait jurer sur les sains Euvangilles de Dieu : Et oultre leur avons enjoint que, chacun jour, environ heure de Soleil levant, il viengnent au lieu que Nous leur avons député et ordonné sur ce, pour conseiller ce qui sera à faire et [c] despecier pour la journée, en prenant, entendant et [d] délivrant les plus grosses et pesans besoignes : Et oultre leur avons enjoint que ilz délivrent à leur povoir par bon ordre, toutes les besoingnes qu'ils entreprenront ; Et quant ils en auront une entreprise ou encommenciée,

il la délivrent et mettent du tout à fin, avant qu'il [a] voisent à une nouvelle; se il ne voyent en leur loyauté, qu'il y eut trop grant dommage [b] ou retardement de la nouvelle, et grant prouffit en l'avancement : Et oultre leur avons enjoint que sur ce, ils Nous [c] advisent, se il leur semble que bon soit et [d] necessité.

(43) *Item.* Nous leur avons fait jurer que [e] du tout il vaqueront et entendront aux choses touchant le gouvernement dudit Royaume et de la chose publique, et non pas à leur privé proufit ne de leurs amis : Et pour ce que mieulz et plus diligemment ilz y puissent vacquer, Nous leur avons constitué, establi et ordonnez bons gages et salaires grans et souffisans pour porter ladite Charge : Et sur ce avóns ordonné qne cellui qui deffaudra de venir bien matin audit Conseil et à l'eure dessusdicte, il perdra les gages entierement de ladicte journée; et se il est accoûtumé de ce faire, il sera privez et ostez dudit grant Conseil, se il n'avoit cause ou excusation raisonnable.

(44) *Item.* Avons ordené que le Chancellier de France ne se meslera dores-en-avant que du fait de la Chancellerie tant seulement, comme de veoir, corriger et examiner, passer et sceller les Lettres qui seront à passer et à sceller; et aussi de ce qui touche et regarde le fait de Justice; Et aussi de donner et ordonner les Offices en tant comme à lui peut appartenir à cause dudit Office.

(45) *Item.* Par exprès lui sera deffendu, et ainsi le jurera entre les autres sermens, de soy bien et loyalment porter ou fait de ladicte Chancellerie, et que il ne scellera aucunes Lettres touchans ou faisans mention de l'alienation d'aucun Demaine de la Couronne de France, ou de Dons de grans forfaitures et confiscations, ou d'autres grans prouffiz et émolumens qui pevent chacun jour escheoir ou-dit Royaume, tant (*ppp*) à cause d'Estraiere comme d'Espaves ou autrement, que sur ce il ne nous advise premierement, en Nous rapportant et desclairant devant le grant Conseil, [f] que la chose donnée peut valoir de rente par an ou autrement, nonobstans quelconques

---

N o t e s.

(*ppp*) *A cause d'Estraiere, comme d'Espaves.*] *Estraiere,* vient d'*Estraneus,* Estranger, et signifie le droit d'Aubaine qui appartient au Roy, et qui consiste à succeder aux Estrangers qui meurent en France.

Espaves sont les choses abandonnées, et qui ne sont reclamées par personne. Elles appartiennent au Roy ou aux Seigneurs Justiciers. Voy. le Gloss. du Droit François de M. de Lauriere, aux mots *Aubain et Espaves.*

Lettres ou Mandemens que nous lui en faciens au contraire ; et outre Nous avons decerné et decernons dès maintenant pour lors, que tout ce qui seroit fait au contraire soit nul et de nulle valüe, et dès maintenant le rappellons, et mettons du tout au néant.

(*46*) *Item*. Et pour ce qu'il est venus à notre cognoissance par le bon advis des troiz Etats, que aux Requestes de l'Ostel de nostre tres-chier Seigneur et Pere et de Nous, avoit trop grant nombre de personnes, et aucuns qui estoient inutilles, et aucuns non agréables au Peuple, Nous avons ordonné, establi et retenu certain nombre de personnes sages, expertes et loyaulz et plains de grant science et [a] meurté ; c'est assavoir, quatre Clers et deux Lais, ausquels Nous avons donné et donnons bon povoir et grant, en la fourme et maniere que les Maistres des Requestes d'Ostel avoient ou temps du Roi Philippe le Bel.

(*47*) *Item*. Nous ferons jurer au-dit Chancellier, aux-diz Maistres des Requestes et aux autres Officiers qui sont entour Nous, comme nos Chambellans et autres, que pardevers Nous il ne procurront que à eulz ne à leurs amis Nous facions aucuns Dons de l'Argent de nos coffres ou autrement, ne requerront de passer graces ou remissions ; mais se aucunes choses Nous veulent demander ou requerre pour eulz ou pour leurs amis, ilz le Nous requerront ou feront requerir en audience, present nostre grant Conseil, ou la plus grant partie : Et par semblable maniere leur ferons jurer sur saintes Euvangilles de Dieu, qu'il ne feront ne procureront [b] à part pardevers Nous, que Nous fassions et establissions Seneschaux, Baillifs, Vicomtes, Capitaines, Secretaires, Maistres des Requestes d'Ostel, Maistres des Comptes, Présidens en Parlement, Notaires, Sergens-d'armes, ne autres Officiers ; maiz se il est nécessités ou proufits que aucuns soient créez de nouvel ou establiz, il le Nous ferons sçavoir, affin que sur ce Nous puissions avis et congnoissance avoir des merites des personnes qu'il voudroient pourveoir à aucuns desdiz Offices, et en parler sur ce aux Gens du grant Conseil : car c'est nostre entention de pourveoir aux Offices, et non pas aux personnes.

(*48*) *Item*. Nous ferons jurer audit Chancellier, aux Gens dudit grant Conseil, et aux autres Officiers et Conseillers qui sont entour Nous, sur saintes Euvangilles de Dieu, qu'il ne feront ensemble confederation, conspiration ou aliances, et par expres leur avons deffendu et enjoint, et commandé sur paine d'être privez de tous Offices Royaulz perpetuelment et senz rappel, ou cas qu'il feront le contraire.

(*49*) *Item*. Pour l'amour et affection que Nous avons aux bons Subgez dudit Royaume, et pour la grant amour qu'il ont monstré et monstrent ᵃ ores et autresfoiz, Nous pour eulz monstrer bon exemple, et aux Prélas, ᵇ Princeps et Barons du Royaume, affin qu'il mettent (*qqq*) en leur gouvernement bonne attrempance, et que despens superflus et voluptaires cessent dores-en-avant entour Nous et entour eulz, Nous avons mis desja et promettons à mettre bonne attrempance ou gouvernement de nostre-dit Hostel et de notre tres-chiere et amée Compaigne la Duchesse, et aussi ont fait et feront encores nos amez freres, nostre amé oncle (*rrr*) le Duc d'Orleans, nos amez Cousins les Contes d'Alençon et d'Estampes et autres de nostre sanc et lignage, et avons ordené de faire pourveoir ᶜ nos garnisons et les dessusdiz aussi, par bonnes personnes, sages, loyaulz et experts en telz cas : Et oultre avons expressement commandé et enjoint aux Maistres de nostre Hostel et des garnisons, qu'il payent bien diligemment ce qu'il acheteront pour Nous, et aussi aux Maistres d'Ostel et des garnisons de nostre tres-chiere et amée Compaigne la Duchesse, et ainsi l'avons Nous commandé et prié à tous ceulz de nostre sanc dessusdit, que il le commandent et faire facent par leurs Gens.

a presentement.

b Princes.

c faire faire nos provisions.

(*50*) *Item*. Il est venu à nôtre congnoissance et par la complainte des Gens desdiz troiz Estas, que grant pàrtie d'iceulz ont moult esté travaillez et grevez pour cause de la ᵈ prosecucion des debtes des (*sss*) Lombards ᵉ useriers, tant par les Commissaires sur ce deputez par nôtre très chiere Dame (*ttt*) la Royne Blanche, comme par les Commiz et Deputez depuiz par nôtre très chier Seigneur et Pere, et par Nous ; lesquelz procedent encore de jour en jour, et les font venir de lointaing pays à Paris, en eulx donnant grans paines et vexacions, et par diverses (*uuu*) journées, et tant que plusieurs en y a qui

d persecution.
Mem. de la Ch.

e Usuriers.
Mem. de la Ch.

N o t e s.

(*qqq*) *En leur gouvernement bonne attrempance.*] Qu'ils moderent leurs dépenses.

(*rrr*) *Le Duc d'Orleans, etc.*] Voy. cy-dessus, p. 109. Note (*xx*).

(*sss*) *Lombars useriers*] Voy. cy-dessus, p. 30. l'Article 17. de l'Ordonnance du 28. de Decembre 1355. C'est cette Ordonnance de

laquelle il est fait mention à la fin de cet Article 50.

(*ttt*) *La Royne Blanche.*] Voy. la Note (*ff*) sur l'Article cité dans la Note precedente.

(*uuu*) *Par diverses journées*] C'est-à-dire en les faisant assigner à comparoistre à differents jours, au lieu d'expedier leurs affaires de suite.

a *d'éviter.*

b *Il manque-là quelques mots, peut-estre celui de par.*

ont composé affin de [a] eschiver lesdiz travaulz et vexacions, combien que il n'y feussent en aucunne chose tenus : Et oultre qui pis est, aucuns des Commis ad ce [b] certaines Ordonnances justes et raisonnables faictes par nôtre très chier Seigneur, affin que par certains cours et laps de temps, c'est assavoir de dix ans, ycelles feussent expirées et estaintes, si que d'icelles aucun n'en puist faire poursuite par voie d'execution ne de action, ont ladicte Ordonnance par mauvais entendement ou trop rigoreux, mains souffisaument et desraisonnablement desclairié et interpeté : Pour ce est-il que Nous qui desirons sur les choses dessusdictes estre pourveu, avons souspendu et souspendons par ces presentes tout le fait, poursuite, action et congnoissance des debtes desdiz Lombars, jusques à lendemain de *Quasimodo* prouchainement venant.

(51) *Item.* Avons accordé et accordons aux Gens des troiz Estas et à chacun d'eux, que la presente Aide qu'il nous font et entendent à faire, à eulz ne à aucuns d'eulz ne tourne ou porte préjudice ou temps avenir, ne aussi à leurs Libertez et Franchises, Privileges et Chartres, en tant comme elles sont consonans et accordans aux (*xxx*) Lettres et Chartres sur ce autreffois octroyez pour la reformacion du Royaume par le Roy Philippe le Bel, et depuis aussi par nôtre très chier Seigneur et Pere, et ycelles et chacunne d'icelles Nous [c] loons,

c *louons.*

approuvons, et confermons toutes les choses contenües ès dictes Chartres, meesmement en ce que en ycelles est faite mencion de la levée des biens du temporel des Esglises ou temps de Regalle.

(52) *Item.* Pour ce que il est venu à nôtre congnoissance que aucuns des personnes qui furent à Paris à l'Assemblée d'environ la Saint Remy dernierement passée, et à l'Assem-

N o t e s.

(*xxx*) *Lettres et Chartres, etc.*] Ces Lettres et ces Chartes dont il est parlé dans cet Article, sont apparemment la même chose que la belle Ordonnance de Philippe le Bel, donnée le 23. de Mars 1302. pour la reformation du Royaume, à la suite de laquelle se trouve une Ordonnance particuliere pour les Bourgeoisies. Dans les Articles 10. et 11. de la premiere, il est parlé de la Regale, et l'Article 9. de la seconde contient la confirmation des Privileges accordez par les Rois, dont on aura usé avec justice et sans malice. Ce sont apparemment ces Articles qui sont rappellez icy. Voy. le premier Vol. des Ordonnances, p. 359. et 368.

Le Roy Jean par son Ordonnance du mois d'Octobre 1351. renouvella celle de Philippe le Bel qu'il insera mot à mot dans la sienne, qui est à la page 450. du second Vol. des Ordonnances.

blée du cinquieme jour de Fevrier ensuivant, et qui vendront aux autres Assemblées, ont encouru la malivolence, ou pourroient encourre d'aucuns des Officiers [a] pour le temps de nôtredit Seigneur et de Nous, lesquelz se sont de fait efforciez se il eussent [b] peu, de eulz grandement navrer, blecier ou mettre à mort ou faire mettre, et encores pourroient faire, dont lesdictes personnes qui furent auxdictes Assemblées, et qui y venront ou temps avenir, ont bien cause de eulz [c] doubter de leurdiz mal-veullans, et Nous ont supplié que sur ce voulsissions pourveoir : Nous qui avons grant volunté et desir de eulz bien garder, et prester ou bailler bonne sureté et aide contre leurdiz mal-veullans, faisons sçavoir à tous que lesdictes personnes et chascunne d'icelles Nous prenons et mettons en la sauve et especial Garde de nôtre très chier Seigneur et Pere et de Nous : Et oultre leur avons octroié et à chacun d'eulz, que pour la seureté, deffense et tuicion de leur corps, il puissent pour ceste cause aler armez jusques à six compaignons estans en leur compaignies, par tout le Royaume. touteffois que il leur plaira, et que par aucuns ne soient prinz ou molestez, mais soient gardés et conservés par tout le peuple ; Et commandons à tous Justiciers dudit Royaume, Seneschaux, Baillifs, Prevosts et autres, que il les laissent eulz et leur compaignie aler et venir par tout où il leur plaira, senz contredit ou empeschement qu'il y mettent ou facent pour cause dudit port d'armes ; Et oultre voulons que lesdiz Baillifs et autres Justiciers leur prestent encore confort et aide pour la cause dessusdicte, se mestiers en est, et il en sont requis.

(53) *Item*. Pour ce que (*yyy*) les hommes [d] jugeurs ès Cours de nostre dit Seigneur, des Nostres, et d'autres Justiciers Subgez dudit Royaume, delaient à jugier pour [e] doubte des amendes que on veult lever sur eulz à volunté, quand il (*zzz*) enchieent ès causes d'Appeaulz, Nous ordonnons que se il sont convaincus d'avoir fait aucun mauvaiz jugement, que tous lidiz hommes Jugeurs de quelque Court que ce soit, soient

a qui ont servi du temps.

b pû.

c craindre.

d Jugans ou Jugens, dans le Mem. de la Ch.

e crainte.

N o t e s.

(*yyy*) *Les hommes Jugeurs, etc.*] C'est-à-dire ceux qui rendoient la justice à leurs égaux, ou ceux que le Bailli appeloit avec luy pour juger. Voy. la Note de M. de Lauriere, sur l'Article 14. du titre 3. du Livre 4. des Institutes Coustumieres de Loysel, t. 2. p. 119. et suiv. et principalement la 129. Voy. aussi la Table du second Vol. des Ordonn. au mot, *Jugeans* (hommes.)

(*zzz*) *Enchient ès Causes d'Appel.*] *Enchient*, tombent. C'est-à-dire quand il y a appel de leurs Sentences.

quittes en payant une amende de soixante livres parisis pour tous, tant seulement, se il n'y apparoist corruption ; ouquel cas les commettans de ^a ce convaincus en seroient punis selon le cas : et ^b parmi ce, ordonnons que li hommes Jugeurs en quelconques Cours, soient tenus de jugier de jour en jour aux jours des Plaiz, ou dedenz deux ou troiz journées ordinaires au plus loing ; après ce que les Parties se seront ^c fermées en droit, et se il sont deffaillant, que ad ce il soient contraint par detencion de corps, jusques à ce qu'il aient prononcié.

(54) *Item*. Que tous (*aaaa*) Contremans et Essoines voluntaires, et qui ne seront causés de loyal et necessaire Essoine que li Essonnans ou Contremandans veullent jurer, soient osté, nonobstant Coustume ou usage au contraire.

(55) *Iem*. (*bbbb*) Pour ce que li Prevosts soubz umbre de la deffense que aucuns ne se contre-venge, mesmement en autres que aux ^d faiteurs, s'efforcent de travailler les amis paisibles pour le fait des ^e rioteux (*cccc*) [et ainsi en sont moult travaillié et ^f coustengié li paisible et li subget des autres Justiciers] travaillez par autrui, Nous qui voulons les paisibles demourer en ^g pays, deffendons à tous Justiciers du Royaume que plus ne s'en entremettent, maiz que contre les ^h faitteurs

a les commettans convaincus de ce. Mem. de la Ch.

b *outre cela.*

c *qu'elles auront produit leurs moyens.*

d *ceux qui ont fait l'injure.*

e *querelleurs.*

f *exposez à des cousts, des frais.*

g *paix.*

h *fuiseurs.*

N o t e s.

(*aaaa*) *Contremans et Essoines.*] Ce sont des excuses proposées pour faire remettre ou differer une assignation. Voy. le Gloss. du Droit François de M. de Lauriere, au mot *Contremans*.

(*bbbb*) *Pour ce que li Prevosts, etc.*] Cet Article me paroist embroüillé et fort obscur. Il est cependant certain qu'il s'y agit des Guerres privées ; et voicy le sens que je crois qu'on doit luy donner.

Il faut supposer que par une Loy, qui n'est pas venue jusqu'à nous, il avoit esté deffendu aux amis de deux Nobles qui se faisoient la Guerre, d'y prétendre part, à moins qu'on ne les attaquât. Sur le fondement de cette deffense, les Prevosts fatiguoient les amis de ceux qui se faisoient la Guerre,

et quoyqu'ils fussent demeurez *paisibles*, ils leur imputoient qu'ils avoient pris parti dans la querelle, et leur faisoient leur procès, quoyqu'ils ne fussent pas leurs Justiciables, apparemment par droit de suite, et sous le pretexte que les deux Chefs de Guerre demeuroient dans l'estenduë de leur Jurisdiction. Par cet Article, il est deffendu aux Prevosts de poursuivre en Jugement les amis de ceux qui se feront la Guerre, quand ils n'y prendront pas de part, et il leur est enjoint de faire le procès aux Chefs de la Guerre, quand ils attaqueront les amis de leurs ennemis, qui seront restez tranquilles, sans avoir fait contre eux aucun Acte d'hostilitez.

(*cccc*) *Et ainsi, etc.*] Ce qui est entre deux crochets, n'est pas dans le Registre du Chastelet.

qui se contre-vengeroient à aucun qui n'auroit par-avant mef-
fait, [a] et bien soient puni en cest cas par les Justiciers à qui il
appartiendra, pour [b] tant que il seront venu contre la deffense.

(*56*) *Item.* Par le conseil et avis desdiz troiz Etats, avons
accordé et octroyé, accordons et octroyons que dores-en-avant
toutes graces et Chartres qui se feront en cire vert et en las
de soye, et qui ont esté faites ou passées depuiz le cinquiéme
jour de Fevrier dernierement passé, soient renduës senz
finance quelconque, [c] parmi payant le droit du Scel accoustumé, et le sallaire raisonnable du [d] Notaire tant seulement,
et senz porter en la Chambre des Comptes.

(*57*) *Item.* (*dddd*) Pour ce que les Subgez du Royaume
puissent demourer plus [e] à pays, ordonnons et mandons que
se aucuns du Royaume ou autres s'efforcent de prendre ou
guerroyer aucunes personnes en bonnes Villes du Royaume,
que tous les Officiers et Subgez de nostre très-chier Seigneur
et Pere et de Nous les en fassent cesser, et y contrestent [f] et
facent contrester par tout le Peuple, et que li Peuple dudit
Royaume y contreste du tout son povoir par toute poissance
d'armes, et à son de cloche, et faire le puissent senz offense.

(*58*). *Item.* Pour ce que pour les gardes des (*eeee*) Forteresses
champestres, li fais de la Guerre ne soit empeschiez, avons
ordonné et ordonnons que par les Capitaines des lieux soit
sur ce pourvû souffisaument.

(*59*) *Item.* (*ffff*) Voulons et ordonnons que si aucuns des
Subgez et Justiciables dudit Royaume, appellent desormaiz

[a] *Le texte pa-
roist corrompu en
cet endroit.*

[b] *à proportion
de leur contra-
vention à la def-
fense.*

[c] *en payant.*

[d] *Secretaire du
Roy.*

[e] *en paix.*

[f] *s'y opposent.*

N o t e s.

(*dddd*) *Pour ce que les Subjez,
etc.*] Cet Article regarde encore
les Guerres privées.

(*eeee*) *Forteresses champestres.*]
Je crois qu'il s'agit icy des Chasteaux et des petits Forts qui
estoient alors en très grand nombre
dans les Campagnes. Il en eust
trop cousté au Roy pour entrete-
nir des garnisons reglées dans
tous ces Chasteaux; et il est ordonné par cet Article; que les
Capitaines des lieux où ils sont
situez, pourvoiront à leur garde
le mieux qu'il leur sera possible.

(*ffff*) *Voulons et ordonnons, etc.*]

Il y a en France plusieurs degrez
de Jurisdictions, c'est-à-dire, plusieurs Justices devant lesquelles
il est quelquefois necessaire que
les affaires soient portées par la
voye de l'Appel des unes aux
autres, pour y estre jugées suc-
cessivement, jusqu'à ce qu'elles
soient decidées en dernier ressort,
par une Cour qui n'ait point de
superieure. Le Juge moyen est celuy qui est placé entre un Juge
qui est son inferieur, et un Juge
qui est son superieur, ensorte qu'il
juge par Appel les Sentences du
premier, et que les siennes sont
portées par l'Appel devant le second.

a *subalterne.*

b *cassons, revoquons.*

c *grievement.*

d *chargeons.*

de Juge [a] subget, d'aucune Sentence, Prononciation ou Jugement en la Court de Parlement ou autre Court Royal, en délaissant le Juge moyen, que cilz pardevant qui il sera appellé, soient les Gens tenans ledit Parlement, ou autres Juges moyens, renvoyent ladicte Cause d'Appel senz delay pardevant (*gggg*) le Juge qui senz moyen povoit ou devoit congnoistre de ladicte Cause d'Appel, se sur ce sont requis d'aucunes des Parties, et deffendons aux Gens dudit Parlement et à tous les autres Juges Royaulz, que de telles Causes d'Appel il ne s'entremettent en aucune maniere, se ce n'est du consentement exprès des deux Parties; et se il font le contraire, Nous [b] rappellons tout ce qu'il feront en ce cas et mettons du tout au néant, et si les en punirons [c] grefment. Il Nous plait toutevoies et voulons que les Gens tenens ledit Parlement puissent telles Causes retenir pardevers eulz, s'il voyent que la nature de la Cause le requiere et non autrement, et sur en [d] chargons leurs consciences.

(*60*) *Item.* Avons ordonné et ordonnons que aucun de quelque estat ou condition qu'il soit, ne se aide ou puist aidier de quelconques Lettres d'Estat, pour retarder leurs Causes et payemens de debtes qu'il aront, ou en quoi ilz seront tenus envers quelconques personnes contribuans à l'Aide des presentes Guerres; et se il estoient donné ou temps present ou avenir, que il n'y soit obéy en quelque maniere, ou cas où il y auroient renoncié par exprès.

(*61*) *Item.* Que toutes les choses dessusdites et chacune d'icelles par la maniere que dit est, Nous avons voulu, accordé et octroyé, voulons, accordons et octroyons, ratiffions et approuvons par ces presentes, de nostre certaine science et grace especial, et de la puissance et auctorité dessusdite, nonobstant quelconques Ordonnances, Estats, Usages et Coustumes au contraire, lesquels nous rappellons et mettons du tout au néant.

Si mandons et commandons estroictement à tous les Officiers et Justiciers du Royaume, les Présidens et Gens du Parlement, Seneschaux, Baillifs et autres, que les choses dessusdictes il tiengnent, et facent publier oudit Parlement à Paris, par les Carrefours, et autres Cités, Villes et lieux notables accoustumés à faire cris, et ycelles facent tenir et

NOTES.

(*gggg*) *Le Juge qui senz moyen, etc.*] C'est-à-dire, le Juge qui est le superieur immediat de celuy qui a rendu la Sentence, et qui doit connoistre de l'Appel qui en a esté interjetté.

accomplir de point en point selon lenrs teneurs : Et oultre que à la Coppie scellée soubz Scel autentique, ou d'aucuns des Articles, l'en adjouste plaine foy et telle comme à l'Original; Et oultre voulons que tous ceulz qui par Original vouldront avoir lesdictes Lettres, que elles leur soient baillées senz rienz payer au Scel ne au Notaires, se ce n'est de la paine de l'Escripture, et que qui les vouldra escripre ou faire escripre, il le puisse faire, et soit li Nottaires tenus du signer et Collacion faire avant toute euvre. Et pour ce que ce soit ferme chose et estable à toûjours, Nous avons fait sceller ces Lettres du Scel du Chastellet, en l'abscence du grant Scel de nostredit Seigneur, en cire vert et en las de soye. Fait à Paris, l'An de grace mil trois cens cinquante et six, ou Mois de Mars.

Lecta et publicata in Camera Parlamenti, tertia Marcii 1356.

(*hhh*) Collacion faite à l'Original scellé du Scel du Chastellet de Paris en ᵃ la de soye et cire vert. Ainsi signé en la marge. Par le Grant Conseil, ouquel estoient Messieurs l'Arcevesque de Rains, les Evesques de Paris, de Langres, de Nevers, de Laon, de Therouenne, l'abbé de Saint Denis, Messieurs (*iiii*) les Ducs d'Orléans, de Bretaingne, les Contes d'Alançon, d'Estampes, et de Roussy, le grant prieur d'Acquitaine, les Seigneurs de Meullan, de Garencieres et de Loupy, Messire Jehan de Picquigny, Guillaume d'Ambreville, et Philippe de Troiz-Mons et pluseurs autres. *J. CLERICI,* (*kkkk*) *le Samedi premier jour d'Avril, l'An mil trois cens cinquante-six.*

Ces Lettres furent publiées en Jugement ou Chastellet de Paris, le Prevost séant, le Jeudi trentième jour de Mars avant Pasques, l'An mil trois cens cinquante et six : Et collacion faite d'icelles par moy.

a *las.*

NOTES.

(*hhhh*) *Collacion, etc.*] Ce qui suit n'est que dans le Reg. du Chastelet.

(*iiii*) *Les Ducs d'Orleans, etc.*] Voy. cy-dessus, la Note (*xx*) p. 109.

(*kkkk*) *Le Samedi premier Avril.*] C'est la date de la Collation faite au Chastelet.

[Le texte de l'Ordonnance a été collationné sur le Registre rouge Vieil du Châtelet, *Arch. Nat.*, Y. 2, fᵒ 5 vᵒ ssq. — Ch.-V. Langlois.]

9 782013 396363